大方廣佛華嚴經 讀誦

12

🪷 일러두기

1. 『독송본 한문·한글역 대방광불화엄경』은 실차난타가 한역(695~699)한 80권 『대방광불화엄경』의 한문 원문과 한글역을 함께 수록한 것이다. 한문에는 음사와 현토를 부기하였다.

2. 원문의 저본은 고종 2년(1865) 월정사에서 인경한 고려대장경 『대방광불화엄경』에 한암 스님이 현토(1949년)한 것을 범룡 스님이 영인 출판(1990년)한 『대방광불화엄경』이다.

3. 한문은 저본에서 누락되었거나 글자가 다르다고 판단된 부분은 저본인 고려대장경 각권의 말미에 교감되어 있는 내용을 중심으로 하고 봉은사판 『대방광불화엄경수소연의초』와 신수대장경 각주에서 밝힌 교감본을 참조하여 보입하고 수정하였다.

4. 한글 번역은 동국역경원에서 발간한 한글 『대방광불화엄경』(운허)을 중심으로 하고 『신화엄경합론』(탄허)과 『대방광불화엄경 강설』(여천무비) 그리고 최근의 여타 번역본 등을 참조하였다.

5. 저본의 원문에서 이체자의 경우 흔글이 제공하는 이체자는 그대로 살리고 흔글이 제공하지 않는 글자는 통용되는 정자로 바꾸었다. 예) 閒 → 閑 / 焰 → 燄 / 宮 → 宮 / 偁 → 稱

6. 한글 번역은 독송과 사경을 위하여 정확성과 아울러 가독성을 고려하였다. 극존칭은 부처님과 불경계에 대해서만 사용하였다.

7. 독송본의 차례는 일러두기 → 본문 → 화엄경 목차 → 간행사의 순차이다.
   (법공양판에는 간행사 다음에 간행불사 동참자를 밝혀 두었다.)

8. 독송본의 한글역은 사경의 편의를 도모하기 위해 그 편집을 달리하여 『사경본 한글역 대방광불화엄경』으로 함께 간행한다. 독송본과 사경본 모두 80권 『대방광불화엄경』의 권별 목차 순으로 간행한다.

독송본 한문 · 한글역

대방광불화엄경 제12권
大方廣佛華嚴經 卷第十二

7. 여래명호품
如來名号品 第七

8. 사성제품
四聖諦品 第八

실차난타 한역
수미해주 한글역

12

대방광불화엄경 제12권 변상도

대방광불화엄경
제12권

7. 여래명호품

대방광불화엄경 권제십이
大方廣佛華嚴經 卷第十二

여래명호품 제칠
如來名号品 第七

이시 세존 재마갈제국아란야법보리장
爾時에 世尊이 在摩竭提國阿蘭若法菩提場

중 시성정각 어보광명전 좌연화장
中하사 始成正覺하사 於普光明殿에 坐蓮華藏

사 자 지 좌
師子之座하시니라

묘오개만 이행영절 달무상법
妙悟皆滿하시며 二行永絶하시며 達無相法하시며

대방광불화엄경 제12권

7. 여래명호품

그때에 세존께서 마갈제국의 아란야법 보리 도량에서 비로소 정각을 이루시고, 보광명전에서 연화장 사자좌에 앉으셨다.

묘한 깨달음이 다 원만하시며, 두 가지 행이 영원히 끊어지시며, 모양 없는 법을 요달하시며, 부처님 머무르시는 데 머무르시며, 부처님

주어불주　　　　득불평등　　　도무장처　　불
住於佛住하시며 **得佛平等**하시며 **到無障處**와 **不**

가전법　　　　소행무애　　　입부사의　　　보
可轉法하시며 **所行無礙**하시며 **立不思議**하시며 **普**

견삼세
見三世하시니라

여십불찰미진수제보살　　구　　　막불개시
與十佛刹微塵數諸菩薩로 **俱**하시니 **莫不皆是**

일생보처　　실종타방　　　이공래집
一生補處라 **悉從他方**하야 **而共來集**하니라

보선관찰제중생계　　법계　　세계　　열반계
普善觀察諸衆生界와 **法界**와 **世界**와 **涅槃界**와

제업과보　　심행차제　　일체문의　　세출세
諸業果報와 **心行次第**와 **一切文義**와 **世出世**

의 평등을 얻으시며, 장애 없는 곳과 굴릴 수
없는 법에 이르시며, 행하는 바가 걸림이 없으
시며, 사의할 수 없는 법을 세우시며, 널리 삼
세를 보셨다.

열 부처님 세계 미진수의 모든 보살들과 함
께 하시니 다 일생보처 아님이 없으며 모두 타
방으로부터 함께 와서 모였다.

모든 중생계와, 법계와, 세계와, 열반계와, 모
든 업의 과보와, 마음으로 행하는 차례와, 일
체 글과 뜻과, 세간과 출세간과, 함이 있음과
함이 없음과, 과거와 현재와 미래를 널리 잘

간　유위무위　과현미래
間과 有爲無爲와 過現未來하시니라

시　제보살　작시사유
時에 諸菩薩이 作是思惟하니라

약세존　견민아등　　원수소락　　개시불
若世尊이 見愍我等이신댄 願隨所樂하사 開示佛

찰　불주　불찰장엄　불법성　불찰청정
刹과 佛住와 佛刹莊嚴과 佛法性과 佛刹淸淨과

불소설법　불찰체성　불위덕　불찰성취
佛所說法과 佛刹體性과 佛威德과 佛刹成就와

불대보리
佛大菩提케하소서

관찰하였다.

　그때에 모든 보살들이 이러한 생각을 하였다.

　"만약 세존께서 우리들을 애민히 여기시면, 원컨대 즐겨하는 바를 따라서 부처님 세계와 부처님의 머무르심과 부처님 세계의 장엄과 부처님 법의 성품과 부처님 세계의 청정과 부처님의 설하신 법과 부처님 세계의 체성과 부처님의 위덕과 부처님 세계의 성취와 부처님의 대보리를 열어 보이소서.

여시방일체세계　제불세존　위성취일체보
如十方一切世界의 諸佛世尊이 爲成就一切菩

살고　영여래종성부단고　구호일체중생
薩故며 令如來種性不斷故며 救護一切衆生

고　영제중생　영리일체번뇌고　요지일
故며 令諸衆生으로 永離一切煩惱故며 了知一

체제행고　연설일체제법고　정제일체잡
切諸行故며 演說一切諸法故며 淨除一切雜

염고　영단일체의망고　발제일체희망고
染故며 永斷一切疑網故며 拔除一切希望故며

멸괴일체애착처고　설제보살　십주　십
滅壞一切愛著處故로 說諸菩薩의 十住와 十

행　십회향　십장　십지　십원　십정　십
行과 十迴向과 十藏과 十地와 十願과 十定과 十

통　십정
通과 十頂하시니라

저 시방 일체 세계의 모든 부처님 세존께서 일체 보살을 성취케 하시는 연고이며, 여래의 종성이 끊어지지 않게 하시는 연고이며, 일체 중생을 구호하시는 연고이며, 모든 중생들이 일체 번뇌를 영원히 여의게 하시는 연고이며, 일체 모든 행을 분명히 아시는 연고이며, 일체 모든 법을 연설하시는 연고이며, 일체 잡되고 물든 것을 깨끗이 없애시는 연고이며, 일체 의심의 그물을 영원히 끊으시는 연고이며, 일체 희망을 뽑아 제거하시는 연고이며, 일체 애착하는 곳을 깨뜨려 소멸하시는 연고로, 모든 보살의 십주와 십행과 십회향과 십장과 십지

급설여래지 여래경계 여래신력 여래
及說如來地와 如來境界와 如來神力과 如來

소행 여래력 여래무외 여래삼매 여래
所行과 如來力과 如來無畏와 如來三昧와 如來

신통 여래자재 여래무애 여래안 여래
神通과 如來自在와 如來無礙와 如來眼과 如來

이 여래비 여래설 여래신 여래의 여
耳와 如來鼻와 如來舌과 如來身과 如來意와 如

래변재 여래지혜 여래최승 원불세
來辯才와 如來智慧와 如來最勝하시니라 願佛世

존 역위아설
尊도 亦爲我說하소서

이시 세존 지제보살심지소념 각수
爾時에 世尊이 知諸菩薩心之所念하시고 各隨

와 십원과 십정과 십통과 십정을 설하십니다.

그리고 여래의 지위와 여래의 경계와 여래의 신력과 여래의 행하시는 바와 여래의 힘과 여래의 두려움 없음과 여래의 삼매와 여래의 신통과 여래의 자재와 여래의 무애와 여래의 눈과 여래의 귀와 여래의 코와 여래의 혀와 여래의 몸과 여래의 뜻과 여래의 변재와 여래의 지혜와 여래의 가장 수승함을 설하십니다. 원컨대 부처님 세존께서 또한 우리들을 위하여 설해주소서."

그때에 세존께서 모든 보살들의 마음에 생각

기류   위현신통
其類하사 爲現神通하시니라

현신통이   동방과십불찰미진수세계   유
現神通已에 東方過十佛刹微塵數世界하야 有

세계   명금색   불호   부동지   피세계
世界하니 名金色이요 佛号는 不動智시며 彼世界

중   유보살   명문수사리   여십불찰미진
中에 有菩薩하니 名文殊師利라 與十佛刹微塵

수제보살   구   내예불소   도이작례
數諸菩薩로 俱하야 來詣佛所하사 到已作禮하고

즉어동방   화작연화장사자지좌   결가부
卽於東方에 化作蓮華藏師子之座하사 結跏趺

좌
坐하시니라

한 바를 아시고, 각각 그 종류를 따라서 신통을 나타내셨다.

신통을 나타내신 후, 동방으로 열 부처님 세계 미진수의 세계를 지나서 세계가 있으니 이름이 금색이고, 부처님 명호는 부동지이시며, 그 세계 가운데 보살이 있으니 이름은 문수사리이며, 열 부처님 세계 미진수의 모든 보살들과 함께 부처님 처소에 나아가 이르러서 예배하고, 곧 동방에 연화장 사자좌를 변화하여 만들고 결가부좌하였다.

남방과십불찰미진수세계　　유세계　　명
南方過十佛刹微塵數世界하야　有世界하니　名

묘색　　불호　무애지
妙色이요　佛号는　無礙智시니라

피유보살　　명왈각수　　여십불찰미진수제
彼有菩薩하니　名曰覺首라　與十佛刹微塵數諸

보살　구　　내예불소　　도이작례　　즉어
菩薩로　俱하야　來詣佛所하사　到已作禮하고　卽於

남방　화작연화장사자지좌　　결가부좌
南方에　化作蓮華藏師子之座하사　結跏趺坐하시니라

서방과십불찰미진수세계　　유세계　　명
西方過十佛刹微塵數世界하야　有世界하니　名

연화색　　불호　멸암지
蓮華色이요　佛号는　滅暗智시니라

남방으로 열 부처님 세계 미진수의 세계를 지나서 세계가 있으니 이름이 묘색이고, 부처님 명호는 무애지이시다.

그곳에 보살이 있으니 이름은 각수이며, 열 부처님 세계 미진수의 모든 보살들과 함께 부처님 처소에 나아가 이르러서 예배하고, 곧 남방에 연화장 사자좌를 변화하여 만들고 결가부좌하였다.

서방으로 열 부처님 세계 미진수의 세계를 지나서 세계가 있으니 이름이 연화색이고, 부처님 명호는 멸암지이시다.

피유보살　명왈재수　여십불찰미진수제
彼有菩薩하니 名曰財首라 與十佛刹微塵數諸

보살　구　내예불소　도이작례　즉어
菩薩로 俱하야 來詣佛所하사 到已作禮하고 卽於

서방　화작연화장사자지좌　결가부좌
西方에 化作蓮華藏師子之座하사 結跏趺坐하시니라

북방과십불찰미진수세계　유세계　명
北方過十佛刹微塵數世界하야 有世界하니 名

담복화색　불호　위의지
薝蔔華色이요 佛号는 威儀智시니라

피유보살　명왈보수　여십불찰미진수제
彼有菩薩하니 名曰寶首라 與十佛刹微塵數諸

보살　구　내예불소　도이작례　즉어
菩薩로 俱하야 來詣佛所하사 到已作禮하고 卽於

그곳에 보살이 있으니 이름은 재수이며, 열 부처님 세계 미진수의 모든 보살들과 함께 부처님 처소에 나아가 이르러서 예배하고, 곧 서방에 연화장 사자좌를 변화하여 만들고 결가부좌하였다.

북방으로 열 부처님 세계 미진수의 세계를 지나서 세계가 있으니 이름이 담복화색이고, 부처님 명호는 위의지이시다.

그곳에 보살이 있으니 이름은 보수이며, 열 부처님 세계 미진수의 모든 보살들과 함께 부처님 처소에 나아가 이르러서 예배하고, 곧 북

북방 화작연화장사자지좌 결가부좌
北方에 化作蓮華藏師子之座하사 結跏趺坐하시니라

동북방과십불찰미진수세계 유세계
東北方過十佛刹微塵數世界하야 有世界하니

명우발라화색 불호 명상지
名優鉢羅華色이요 佛号는 明相智시니라

피유보살 명공덕수 여십불찰미진수제보
彼有菩薩하니 名功德首라 與十佛刹微塵數諸菩

살 구 내예불소 도이작례 즉어동
薩로 俱하야 來詣佛所하사 到已作禮하고 卽於東

북방 화작연화장사자지좌 결가부좌
北方에 化作蓮華藏師子之座하사 結跏趺坐하시니라

9

방에 연화장 사자좌를 변화하여 만들고 결가

부좌하였다.

동북방으로 열 부처님 세계 미진수의 세계를

지나서 세계가 있으니 이름이 우발라화색이

고, 부처님 명호는 명상지이시다.

그곳에 보살이 있으니 이름은 공덕수이며,

열 부처님 세계 미진수의 모든 보살들과 함께

부처님 처소에 나아가 이르러서 예배하고, 곧

동북방에 연화장 사자좌를 변화하여 만들고

결가부좌하였다.

동남방과십불찰미진수세계 유세계
東南方過十佛刹微塵數世界하야 有世界하니

명금색 불호 구경지
名金色이요 佛号는 究竟智시니라

피유보살 명목수 여십불찰미진수제보
彼有菩薩하니 名目首라 與十佛刹微塵數諸菩

살 구 내예불소 도이작례 즉어동
薩로 俱하야 來詣佛所하사 到已作禮하고 卽於東

남방 화작연화장사자지좌 결가부좌
南方에 化作蓮華藏師子之座하사 結跏趺坐하시니라

서남방과십불찰미진수세계 유세계 명
西南方過十佛刹微塵數世界하야 有世界하니 名

보색 불호 최승지
寶色이요 佛号는 最勝智시니라

동남방으로 열 부처님 세계 미진수의 세계를 지나서 세계가 있으니 이름이 금색이고, 부처님 명호는 구경지이시다.

그곳에 보살이 있으니 이름은 목수이며, 열 부처님 세계 미진수의 모든 보살들과 함께 부처님 처소에 나아가 이르러서 예배하고, 곧 동남방에 연화장 사자좌를 변화하여 만들고 결가부좌하였다.

서남방으로 열 부처님 세계 미진수의 세계를 지나서 세계가 있으니 이름이 보색이고, 부처님 명호는 최승지이시다.

피유보살　　명정진수　　여십불찰미진수제
彼有菩薩하니　名精進首라　與十佛刹微塵數諸

보살　구　　내예불소　　도이작례　　즉어
菩薩로　俱하야　來詣佛所하사　到已作禮하고　卽於

서남방　　화작연화장사자지좌　　결가부
西南方에　化作蓮華藏師子之座하사　結跏趺

좌
坐하시니라

서북방과십불찰미진수세계　　유세계　　명
西北方過十佛刹微塵數世界하야　有世界하니　名

금강색　　불호　자재지
金剛色이요　佛号는　自在智시니라

피유보살　　명법수　　여십불찰미진수제보
彼有菩薩하니　名法首라　與十佛刹微塵數諸菩

그곳에 보살이 있으니 이름은 정진수이며, 열 부처님 세계 미진수의 모든 보살들과 함께 부처님 처소에 나아가 이르러서 예배하고, 곧 서남방에 연화장 사자좌를 변화하여 만들고 결가부좌하였다.

서북방으로 열 부처님 세계 미진수의 세계를 지나서 세계가 있으니 이름이 금강색이고, 부처님 명호는 자재지이시다.

그곳에 보살이 있으니 이름은 법수이며, 열 부처님 세계 미진수의 모든 보살들과 함께 부처님 처소에 나아가 이르러서 예배하고, 곧 서

薩_로 俱_{하야} 來詣佛所_{하사} 到已作禮_{하고} 卽於西

北方_에 化作蓮華藏師子之座_{하사} 結跏趺坐_{하시니라}

下方過十佛刹微塵數世界_{하야} 有世界_{하니} 名

玻瓈色_{이요} 佛号_는 梵智_{시니라}

彼有菩薩_{하니} 名智首_라 與十佛刹微塵數諸菩

薩_로 俱_{하야} 來詣佛所_{하사} 到已作禮_{하고} 卽於下

方_에 化作蓮華藏師子之座_{하사} 結跏趺坐_{하시니라}

북방에 연화장 사자좌를 변화하여 만들고 결
가부좌하였다.

하방으로 열 부처님 세계 미진수의 세계를
지나서 세계가 있으니 이름이 파려색이고, 부
처님 명호는 범지이시다.

그곳에 보살이 있으니 이름은 지수이며, 열
부처님 세계 미진수의 모든 보살들과 함께 부
처님 처소에 나아가 이르러서 예배하고, 곧 하
방에 연화장 사자좌를 변화하여 만들고 결가
부좌하였다.

상방과십불찰미진수세계　　유세계　　명
上方過十佛刹微塵數世界하야 有世界하니 名

평등색　　불호　관찰지
平等色이요 佛号는 觀察智시니라

피유보살　　명현수　여십불찰미진수제보
彼有菩薩하니 名賢首라 與十佛刹微塵數諸菩

살　구　　내예불소　　도이작례　　즉어상
薩로 俱하야 來詣佛所하사 到已作禮하고 卽於上

방　화작연화장사자지좌　　결가부좌
方에 化作蓮華藏師子之座하사 結跏趺坐하시니라

이시　문수사리보살마하살　승불위력
爾時에 文殊師利菩薩摩訶薩이 承佛威力하사

보관일체보살중회　이작시언
普觀一切菩薩衆會하고 而作是言하시니라

상방으로 열 부처님 세계 미진수의 세계를 지나서 세계가 있으니 이름이 평등색이고, 부처님 명호는 관찰지이시다.

그곳에 보살이 있으니 이름은 현수이며, 열 부처님 세계 미진수의 모든 보살들과 함께 부처님 처소에 나아가 이르러서 예배하고, 곧 상방에 연화장 사자좌를 변화하여 만들고 결가부좌하였다.

그때에 문수사리 보살마하살이 부처님의 위신력을 받들어 일체 보살 대중모임을 널리 관찰하고 이러한 말씀을 하였다.

차 제 보 살 심 위 희 유 제 불 자 불 국 토
此諸菩薩이 甚爲希有로다 諸佛子야 佛國土가

불 가 사 의 불 주 불 찰 장 엄 불 법 성 불 찰
不可思議며 佛住와 佛刹莊嚴과 佛法性과 佛刹

청 정 불 설 법 불 출 현 불 찰 성 취 불 아 뇩
淸淨과 佛說法과 佛出現과 佛刹成就와 佛阿耨

다 라 삼 먁 삼 보 리 개 불 가 사 의
多羅三藐三菩提가 皆不可思議니라

하 이 고 제 불 자 시 방 세 계 일 체 제 불 지 제
何以故오 諸佛子야 十方世界一切諸佛이 知諸

중 생 낙 욕 부 동 수 기 소 응 설 법 조 복
衆生의 樂欲不同하사 隨其所應하야 說法調伏하사대

여 시 내 지 등 법 계 허 공 계
如是乃至等法界虛空界시니라

"이 모든 보살들이 매우 희유하도다. 모든 불자들이여, 부처님의 국토가 불가사의하며, 부처님의 머무르심과 부처님 세계의 장엄과 부처님 법의 성품과 부처님 세계의 청정과 부처님의 설법과 부처님의 출현과 부처님 세계의 성취와 부처님의 아뇩다라삼먁삼보리가 모두 불가사의하다.

무슨 까닭인가. 모든 불자들이여, 시방세계의 일체 모든 부처님께서 모든 중생들의 욕락이 같지 아니함을 아시고 그 마땅한 바를 따라 법을 설하여 조복하시며, 이와 같이 내지 법계와 허공계까지도 같이 하셨다.

제불자 여래 어차사바세계제사천하 종
諸佛子야 如來가 於此娑婆世界諸四天下에 種

종신 종종명 종종색상 종종수단 종종
種身과 種種名과 種種色相과 種種脩短과 種種

수량 종종처소 종종제근 종종생처 종
壽量과 種種處所와 種種諸根과 種種生處와 種

종어업 종종관찰 영제중생 각별지
種語業과 種種觀察로 令諸衆生으로 各別知

견
見케하시니라

제불자 여래 어차사천하중 혹명일체의
諸佛子야 如來가 於此四天下中에 或名一切義

성 혹명원만월 혹명사자후 혹명석가
成이며 或名圓滿月이며 或名師子吼며 或名釋迦

모든 불자들이여, 여래께서 이 사바세계의 모든 사천하에서 갖가지 몸과 갖가지 명호와 갖가지 색상과 갖가지 길고 짧음과 갖가지 수명과 갖가지 처소와 갖가지 모든 근과 갖가지 나는 곳과 갖가지 어업과 갖가지 관찰로, 모든 중생들로 하여금 각각 다르게 알고 보게 하신다.

모든 불자들이여, 여래가 이 사천하에서 혹은 명호가 일체의성이며, 혹은 명호가 원만월이며, 혹은 명호가 사자후이며, 혹은 명호가 석가모니이며, 혹은 명호가 제칠선이며, 혹은

모니　　　혹명제칠선　　　혹명비로자나　　혹명
牟尼며 或名第七仙이며 或名毗盧遮那며 或名

구담씨　　혹명대사문　　　혹명최승　　　혹명도
瞿曇氏며 或名大沙門이며 或名最勝이며 或名導

사
師시니라

여시등　　기수십천　　　영제중생　　　각별지
如是等이 其數十千이라 令諸衆生으로 各別知

견
見케하시니라

제불자　　차사천하동　　　차유세계　　　명위선
諸佛子야 此四天下東에 次有世界하니 名爲善

호　　여래　　어피　　혹명금강　　　혹명자재
護라 如來가 於彼에 或名金剛이며 或名自在며

명호가 비로자나이며, 혹은 명호가 구담씨이며, 혹은 명호가 대사문이며, 혹은 명호가 최승이며, 혹은 명호가 도사이시다.

이와 같은 명호가 그 수가 십천이니, 모든 중생들로 하여금 각각 다르게 알고 보게 하신다.

모든 불자들이여, 이 사천하의 동방에 다음 세계가 있으니 이름이 선호이다.

여래가 그곳에서는 혹은 명호가 금강이며, 혹은 명호가 자재이며, 혹은 명호가 유지혜이며, 혹은 명호가 난승이며, 혹은 명호가 운왕

혹명유지혜 혹명난승 혹명운왕 혹명
或名有智慧며 或名難勝이며 或名雲王이며 或名

무쟁 혹명능위주 혹명심환희 혹명무
無諍이며 或名能爲主며 或名心歡喜며 或名無

여등 혹명단언론
與等이며 或名斷言論이시니라

여시등 기수십천 영제중생 각별지
如是等이 其數十千이라 令諸衆生으로 各別知

견
見케하시니라

제불자 차사천하남 차유세계 명위난
諸佛子야 此四天下南에 次有世界하니 名爲難

인 여래 어피 혹명제석 혹명보칭
忍이라 如來가 於彼에 或名帝釋이며 或名寶稱이며

이며, 혹은 명호가 무쟁이며, 혹은 명호가 능위주이며, 혹은 명호가 심환희이며, 혹은 명호가 무여등이며, 혹은 명호가 단언론이시다.

이와 같은 명호가 그 수가 십천이니, 모든 중생들로 하여금 각각 다르게 알고 보게 하신다.

모든 불자들이여, 이 사천하의 남방에 다음 세계가 있으니 이름이 난인이다.

여래가 그곳에서는 혹은 명호가 제석이며, 혹은 명호가 보칭이며, 혹은 명호가 이구이며, 혹은 명호가 실어이며, 혹은 명호가 능조복이

혹명이구　　혹명실어　　혹명능조복　　혹명
或名離垢며　或名實語며　或名能調伏이며　或名

구족희　　혹명대명칭　　혹명능이익　　혹명
具足喜며　或名大名稱이며　或名能利益이며　或名

무변　　혹명최승
無邊이며　或名最勝이시니라

여시등　　기수십천　　영제중생　　각별지
如是等이　其數十千이라　令諸衆生으로　各別知

견
見케하시니라

제불자　　차사천하서　　차유세계　　명위친
諸佛子야　此四天下西에　次有世界하니　名爲親

혜　　여래　　어피　　혹명수천　　혹명희견
慧라　如來가　於彼에　或名水天이며　或名喜見이며

며, 혹은 명호가 구족희이며, 혹은 명호가 대
명칭이며, 혹은 명호가 능이익이며, 혹은 명호
가 무변이며, 혹은 명호가 최승이시다.

　이와 같은 명호가 그 수가 십천이니, 모든
중생들로 하여금 각각 다르게 알고 보게 하
신다.

　모든 불자들이여, 이 사천하의 서방에 다음
세계가 있으니 이름이 친혜이다.

　여래가 그곳에서는 혹은 명호가 수천이며,
혹은 명호가 희견이며, 혹은 명호가 최승왕이
며, 혹은 명호가 조복천이며, 혹은 명호가 진

혹명최승왕　　혹명조복천　　혹명진실혜
或名最勝王이며　或名調伏天이며　或名眞實慧며

혹명도구경　　혹명환희　　혹명법혜　　혹명
或名到究竟이며　或名歡喜며　或名法慧며　或名

소작이판　　혹명선주
所作已辦이며　或名善住시니라

여시등　　기수십천　　　영제중생　　각별지
如是等이　其數十千이라　令諸衆生으로　各別知

견
見케하시니라

제불자　　차사천하북　　차유세계　　명유사
諸佛子야　此四天下北에　次有世界하니　名有師

자　여래　어피　　혹명대모니　　혹명고행
子라　如來가　於彼에　或名大牟尼며　或名苦行이며

실혜이며, 혹은 명호가 도구경이며, 혹은 명호가 환희이며, 혹은 명호가 법혜이며, 혹은 명호가 소작이판이며, 혹은 명호가 선주이시다.

이와 같은 명호가 그 수가 십천이니, 모든 중생들로 하여금 각각 다르게 알고 보게 하신다.

모든 불자들이여, 이 사천하의 북방에 다음 세계가 있으니 이름이 유사자이다.

여래가 그곳에서는 혹은 명호가 대모니이며, 혹은 명호가 고행이며, 혹은 명호가 세소존이며, 혹은 명호가 최승전이며, 혹은 명호가 일

혹명세소존　　혹명최승전　　혹명일체지
或名世所尊이며　或名最勝田이며　或名一切智며

혹명선의　　혹명청정　　혹명예라발나　　혹
或名善意며　或名清淨이며　或名瞖羅跋那며　或

명최상시　　혹명고행득
名最上施며　或名苦行得이시니라

여시등　　기수십천　　영제중생　　각별지
如是等이　其數十千이라　令諸衆生으로　各別知

견
見케하시니라

제불자　　차사천하동북방　　차유세계　　　명
諸佛子야　此四天下東北方에　次有世界하니　名

묘관찰　　여래　어피　　혹명조복마　　혹명
妙觀察이라　如來가　於彼에　或名調伏魔며　或名

체지이며, 혹은 명호가 선의이며, 혹은 명호가 청정이며, 혹은 명호가 예라발나이며, 혹은 명호가 최상시이며, 혹은 명호가 고행득이시다.

이와 같은 명호가 그 수가 십천이니, 모든 중생들로 하여금 각각 다르게 알고 보게 하신다.

모든 불자들이여, 이 사천하의 동북방에 다음 세계가 있으니 이름이 묘관찰이다.

여래가 그곳에서는 혹은 명호가 조복마이며, 혹은 명호가 성취이며, 혹은 명호가 식멸이며, 혹은 명호가 현천이며, 혹은 명호가 이탐이며,

성취　혹명식멸　혹명현천　혹명이탐
成就며 或名息滅이며 或名賢天이며 或名離貪이며

혹명승혜　혹명심평등　혹명무능승
或名勝慧며 或名心平等이며 或名無能勝이며

혹명지혜음　혹명난출현
或名智慧音이며 或名難出現이시니라

여시등　기수십천　영제중생　각별지
如是等이 其數十千이라 令諸衆生으로 各別知

견
見케하시니라

제불자　차사천하동남방　차유세계　　명
諸佛子야 此四天下東南方에 次有世界하니 名

위희락　여래　어피　혹명극위엄　혹명
爲喜樂이라 如來가 於彼에 或名極威嚴이며 或名

혹은 명호가 승혜이며, 혹은 명호가 심평등이며, 혹은 명호가 무능승이며, 혹은 명호가 지혜음이며, 혹은 명호가 난출현이시다.

이와 같은 명호가 그 수가 십천이니, 모든 중생들로 하여금 각각 다르게 알고 보게 하신다.

모든 불자들이여, 이 사천하의 동남방에 다음 세계가 있으니 이름이 희락이다.

여래가 그곳에서는 혹은 명호가 극위엄이며, 혹은 명호가 광염취이며, 혹은 명호가 변지이며, 혹은 명호가 비밀이며, 혹은 명호가 해탈

광염취　　혹명변지　　혹명비밀　　혹명해
光燄聚며　或名徧知며　或名秘密이며　或名解

탈　　　혹명성안주　　혹명여법행　　혹명정
脫이며　或名性安住며　或名如法行이며　或名淨

안왕　　혹명대용건　　혹명정진력
眼王이며　或名大勇健이며　或名精進力이시니라

여시등　　기수십천　　영제중생　　각별지
如是等이　其數十千이라　令諸衆生으로　各別知

견
見케하시니라

제불자　　차사천하서남방　　차유세계　　　명
諸佛子야　此四天下西南方에　次有世界하니　名

심견뢰　　여래　　어피　　혹명안주　　혹명지
甚堅牢라　如來가　於彼에　或名安住며　或名智

이며, 혹은 명호가 성안주이며, 혹은 명호가 여법행이며, 혹은 명호가 정안왕이며, 혹은 명호가 대용건이며, 혹은 명호가 정진력이시다.

이와 같은 명호가 그 수가 십천이니, 모든 중생들로 하여금 각각 다르게 알고 보게 하신다.

모든 불자들이여, 이 사천하의 서남방에 다음 세계가 있으니 이름이 심견뢰이다.

여래가 그곳에서는 혹은 명호가 안주이며, 혹은 명호가 지왕이며, 혹은 명호가 원만이

왕   혹명원만   혹명부동   혹명묘안
王이며 **或名圓滿**이며 **或名不動**이며 **或名妙眼**이며

혹명정왕   혹명자재음   혹명일체시   혹
或名頂王이며 **或名自在音**이며 **或名一切施**며 **或**

명지중선   혹명승수미
名持衆仙이며 **或名勝須彌**시니라

여시등   기수십천   영제중생   각별지
如是等이 **其數十千**이라 **令諸衆生**으로 **各別知**

견
見케하시니라

제불자   차사천하서북방   차유세계   명
諸佛子야 **此四天下西北方**에 **次有世界**하니 **名**

위묘지   여래   어피   혹명보변   혹명광
爲妙地라 **如來**가 **於彼**에 **或名普徧**이며 **或名光**

며, 혹은 명호가 부동이며, 혹은 명호가 묘안이며, 혹은 명호가 정왕이며, 혹은 명호가 자재음이며, 혹은 명호가 일체시이며, 혹은 명호가 지중선이며, 혹은 명호가 승수미이시다.

이와 같은 명호가 그 수가 십천이니, 모든 중생들로 하여금 각각 다르게 알고 보게 하신다.

모든 불자들이여, 이 사천하의 서북방에 다음 세계가 있으니 이름이 묘지이다.

여래가 그곳에서는 혹은 명호가 보변이며, 혹은 명호가 광염이며, 혹은 명호가 마니계이

염　　혹명마니계　　혹명가억념　　혹명무상
燄이며 或名摩尼髻며 或名可憶念이며 或名無上

의　　혹명상희락　　혹명성청정　　혹명원만
義며 或名常喜樂이며 或名性淸淨이며 或名圓滿

광　　혹명수비　혹명주본
光이며 或名脩臂며 或名住本이시니라

여시등　기수십천　　영제중생　　각별지
如是等이 其數十千이라 令諸衆生으로 各別知

견
見케하시니라

제불자　차사천하차하방　유세계　　명위
諸佛子야 此四天下次下方에 有世界하니 名爲

염혜　여래　어피　혹명집선근　혹명사
燄慧라 如來가 於彼에 或名集善根이며 或名師

며, 혹은 명호가 가억념이며, 혹은 명호가 무
상의이며, 혹은 명호가 상희락이며, 혹은 명호
가 성청정이며, 혹은 명호가 원만광이며, 혹은
명호가 수비이며, 혹은 명호가 주본이시다.

이와 같은 명호가 그 수가 십천이니, 모든
중생들로 하여금 각각 다르게 알고 보게 하신
다.

모든 불자들이여, 이 사천하의 다음 하방에
세계가 있으니 이름이 염혜이다.

여래가 그곳에서는 혹은 명호가 집선근이며,
혹은 명호가 사자상이며, 혹은 명호가 맹리혜

자상   혹명맹리혜   혹명금색염   혹명일
子相이며 或名猛利慧며 或名金色燄이며 或名一

체지식   혹명구경음   혹명작이익   혹
切知識이며 或名究竟音이며 或名作利益이며 或

명도구경   혹명진실천   혹명보변승
名到究竟이며 或名眞實天이며 或名普徧勝이시니라

여시등   기수십천   영제중생   각별지
如是等이 其數十千이라 令諸衆生으로 各別知

견
見케하시니라

제불자   차사천하차상방   유세계   명왈
諸佛子야 此四天下次上方에 有世界하니 名曰

지지   여래   어피   혹명유지혜   혹명청
持地라 如來가 於彼에 或名有智慧며 或名清

이며, 혹은 명호가 금색염이며, 혹은 명호가 일체지식이며, 혹은 명호가 구경음이며, 혹은 명호가 작이익이며, 혹은 명호가 도구경이며, 혹은 명호가 진실천이며, 혹은 명호가 보변승이시다.

이와 같은 명호가 그 수가 십천이니, 모든 중생들로 하여금 각각 다르게 알고 보게 하신다.

모든 불자들이여, 이 사천하의 다음 상방에 세계가 있으니 이름이 지지이다.

여래가 그곳에서는 혹은 명호가 유지혜이며,

정면　　혹명각혜　　혹명상수　　혹명행장엄
淨面이며 **或名覺慧**며 **或名上首**며 **或名行莊嚴**이며

혹명발환희　　혹명의성만　　　혹명여성화
或名發歡喜며 **或名意成滿**이며 **或名如盛火**며

혹명지계　　혹명일도
或名持戒며 **或名一道**시니라

여시등　　기수십천　　　영제중생　　　각별지
如是等이 **其數十千**이라 **令諸衆生**으로 **各別知**

견
見케하시니라

제불자　　차사바세계　　유백억사천하　　　여
諸佛子야 **此娑婆世界**에 **有百億四天下**어든 **如**

래　　어중　　유백억만종종명호　　　영제중
來가 **於中**에 **有百億萬種種名号**하사 **令諸衆**

혹은 명호가 청정면이며, 혹은 명호가 각혜이며, 혹은 명호가 상수이며, 혹은 명호가 행장엄이며, 혹은 명호가 발환희이며, 혹은 명호가 의성만이며, 혹은 명호가 여성화이며, 혹은 명호가 지계이며, 혹은 명호가 일도이시다.

이와 같은 명호가 그 수가 십천이니, 모든 중생들로 하여금 각각 다르게 알고 보게 하신다.

모든 불자들이여, 이 사바세계에 백억의 사천하가 있는데, 여래께서 그 가운데 백억만의 갖가지 명호를 두셔서 모든 중생들로 하여금

생   각별지견
生으로 各別知見케하시니라

제불자   차사바세계동   차유세계   명위
諸佛子야 此娑婆世界東에 次有世界하니 名爲

밀훈   여래   어피   혹명평등   혹명수
密訓이라 如來가 於彼에 或名平等이며 或名殊

승   혹명안위   혹명개효의   혹명문혜
勝이며 或名安慰며 或名開曉意며 或名聞慧며

혹명진실어   혹명득자재   혹명최승신
或名眞實語며 或名得自在며 或名最勝身이며

혹명대용맹   혹명무등지
或名大勇猛이며 或名無等智시니라

여시등백억만종종명호   영제중생   각별
如是等百億萬種種名号를 令諸衆生으로 各別

각각 다르게 알고 보게 하신다.

　모든 불자들이여, 이 사바세계의 동방에 다음 세계가 있으니 이름이 밀훈이다.

　여래가 그곳에서는 혹은 명호가 평등이며, 혹은 명호가 수승이며, 혹은 명호가 안위이며, 혹은 명호가 개효의이며, 혹은 명호가 문혜이며, 혹은 명호가 진실어이며, 혹은 명호가 득자재이며, 혹은 명호가 최승신이며, 혹은 명호가 대용맹이며, 혹은 명호가 무등지이시다.

　이와 같은 백억만의 갖가지 명호를 모든 중

지견
知見케하시니라

제불자　차사바세계남　차유세계　　명왈
諸佛子야 此娑婆世界南에 次有世界하니 名曰

풍일　　여래　어피　혹명본성　　혹명근의
豊溢이라 如來가 於彼에 或名本性이며 或名勤意며

혹명무상존　　혹명대지거　　혹명무소의
或名無上尊이며 或名大智炬며 或名無所依며

혹명광명장　　혹명지혜장　　혹명복덕장
或名光明藏이며 或名智慧藏이며 或名福德藏이며

혹명천중천　　혹명대자재
或名天中天이며 或名大自在시니라

여시등백억만종종명호　　영제중생　　각별
如是等百億萬種種名号를 令諸衆生으로 各別

생들로 하여금 각각 다르게 알고 보게 하신
다.

　모든 불자들이여, 이 사바세계의 남방에 다
음 세계가 있으니 이름이 풍일이다.

　여래가 그곳에서는 혹은 명호가 본성이며,
혹은 명호가 근의이며, 혹은 명호가 무상존이
며, 혹은 명호가 대지거이며, 혹은 명호가 무
소의이며, 혹은 명호가 광명장이며, 혹은 명
호가 지혜장이며, 혹은 명호가 복덕장이며,
혹은 명호가 천중천이며, 혹은 명호가 대자재
이시다.

지견
知見케하시니라

제불자　차사바세계서　차유세계　명위
諸佛子야 **此娑婆世界西**에 **次有世界**하니 **名爲**

이구　여래　어피　혹명의성　혹명지도
離垢라 **如來**가 **於彼**에 **或名意成**이며 **或名知道**며

혹명안주본　혹명능해박　혹명통달의
或名安住本이며 **或名能解縛**이며 **或名通達義**며

혹명낙분별　혹명최승견　혹명조복행
或名樂分別이며 **或名最勝見**이며 **或名調伏行**이며

혹명중고행　혹명구족력
或名衆苦行이며 **或名具足力**이시니라

여시등백억만종종명호　영제중생　각별
如是等百億萬種種名号를 **令諸衆生**으로 **各別**

이와 같은 백억만의 갖가지 명호를 모든 중생들로 하여금 각각 다르게 알고 보게 하신다.

모든 불자들이여, 이 사바세계의 서방에 다음 세계가 있으니 이름이 이구이다.

여래가 그곳에서는 혹은 명호가 의성이며, 혹은 명호가 지도이며, 혹은 명호가 안주본이며, 혹은 명호가 능해박이며, 혹은 명호가 통달의이며, 혹은 명호가 낙분별이며, 혹은 명호가 최승견이며, 혹은 명호가 조복행이며, 혹은 명호가 중고행이며, 혹은 명호가 구족력이시다.

지견
知見케하시니라

제불자   차사바세계북   차유세계   명왈
諸佛子야 此娑婆世界北에 次有世界하니 名曰

풍락   여래   어피   혹명담복화색   혹명
豐樂이라 如來가 於彼에 或名薝蔔華色이며 或名

일장   혹명선주   혹명현신통   혹명성
日藏이며 或名善住며 或名現神通이며 或名性

초매   혹명혜일   혹명무애   혹명여월현
超邁며 或名慧日이며 或名無礙며 或名如月現이며

혹명신질풍   혹명청정신
或名迅疾風이며 或名淸淨身이시니라

여시등백억만종종명호   영제중생   각별
如是等百億萬種種名号를 令諸衆生으로 各別

이와 같은 백억만의 갖가지 명호를 모든 중생들로 하여금 각각 다르게 알고 보게 하신다.

모든 불자들이여, 이 사바세계의 북방에 다음 세계가 있으니 이름이 풍락이다.

여래가 그곳에서는 혹은 명호가 담복화색이며, 혹은 명호가 일장이며, 혹은 명호가 선주이며, 혹은 명호가 현신통이며, 혹은 명호가 성초매이며, 혹은 명호가 혜일이며, 혹은 명호가 무애이며, 혹은 명호가 여월현이며, 혹은 명호가 신질풍이며, 혹은 명호가 청정신이시다.

이와 같은 백억만의 갖가지 명호를 모든 중

지 견
知見케하시니라

제불자　차사바세계동북방　차유세계
諸佛子야 此娑婆世界東北方에 次有世界하니

명위섭취　여래　어피　혹명영리고　혹명
名爲攝取라 如來가 於彼에 或名永離苦며 或名

보해탈　혹명대복장　혹명해탈지　혹
普解脫이며 或名大伏藏이며 或名解脫智며 或

명과거장　혹명보광명　혹명이세간
名過去藏이며 或名寶光明이며 或名離世間이며

혹명무애지　혹명정신장　혹명심부동
或名無礙地며 或名淨信藏이며 或名心不動이시니라

여시등백억만종종명호　영제중생　각별
如是等百億萬種種名号를 令諸衆生으로 各別

생들로 하여금 각각 다르게 알고 보게 하신다.

모든 불자들이여, 이 사바세계의 동북방에 다음 세계가 있으니 이름이 섭취이다.

여래가 그곳에서는 혹은 명호가 영리고이며, 혹은 명호가 보해탈이며, 혹은 명호가 대복장이며, 혹은 명호가 해탈지이며, 혹은 명호가 과거장이며, 혹은 명호가 보광명이며, 혹은 명호가 이세간이며, 혹은 명호가 무애지이며, 혹은 명호가 정신장이며, 혹은 명호가 심부동이시다.

이와 같은 백억만의 갖가지 명호를 모든 중

지견
知見케하시니라

제불자   차사바세계동남방   차유세계
諸佛子야 此娑婆世界東南方에 次有世界하니

명위요익   여래 어피   혹명현광명   혹
名爲饒益이라 如來가 於彼에 或名現光明이며 或

명진지   혹명미음   혹명승근   혹명장엄
名盡智며 或名美音이며 或名勝根이며 或名莊嚴

개   혹명정진근   혹명도분별피안   혹
蓋며 或名精進根이며 或名到分別彼岸이며 或

명승정   혹명간언사   혹명지혜해
名勝定이며 或名簡言辭며 或名智慧海시니라

여시등백억만종종명호   영제중생   각별
如是等百億萬種種名号를 令諸衆生으로 各別

생들로 하여금 각각 다르게 알고 보게 하신다.

모든 불자들이여, 이 사바세계의 동남방에 다음 세계가 있으니 이름이 요익이다.

여래가 그곳에서는 혹은 명호가 현광명이며, 혹은 명호가 진지이며, 혹은 명호가 미음이며, 혹은 명호가 승근이며, 혹은 명호가 장엄개이며, 혹은 명호가 정진근이며, 혹은 명호가 도분별피안이며, 혹은 명호가 승정이며, 혹은 명호가 간언사이며, 혹은 명호가 지혜해이시다.

이와 같은 백억만의 갖가지 명호를 모든 중생들로 하여금 각각 다르게 알고 보게 하신

지견
知見케하시니라

제불자   차사바세계서남방   차유세계
諸佛子야 此娑婆世界西南方에 次有世界하니

명위선소   여래   어피   혹명모니주   혹명
名爲鮮少라 如來가 於彼에 或名牟尼主며 或名

구중보   혹명세해탈   혹명변지근   혹명
具衆寶며 或名世解脫이며 或名徧知根이며 或名

승언사   혹명명료견   혹명근자재   혹명
勝言辭며 或名明了見이며 或名根自在며 或名

대선사   혹명개도업   혹명금강사자
大仙師며 或名開導業이며 或名金剛師子시니라

여시등백억만종종명호   영제중생   각별
如是等百億萬種種名号를 令諸衆生으로 各別

다.

　모든 불자들이여, 이 사바세계의 서남방에
다음 세계가 있으니 이름이 선소이다.

　여래가 그곳에서는 혹은 명호가 모니주이며,
혹은 명호가 구중보이며, 혹은 명호가 세해탈
이며, 혹은 명호가 변지근이며, 혹은 명호가
승언사이며, 혹은 명호가 명료견이며, 혹은 명
호가 근자재이며, 혹은 명호가 대선사이며, 혹
은 명호가 개도업이며, 혹은 명호가 금강사자
이시다.

　이와 같은 백억만의 갖가지 명호를 모든 중

지견
知見케하시니라

제불자　　차사바세계서북방　　차유세계
諸佛子야 **此娑婆世界西北方**에 **次有世界**하니

명위환희　　여래　　어피　　혹명묘화취　　혹명
名爲歡喜라 **如來**가 **於彼**에 **或名妙華聚**며 **或名**

전단개　　혹명연화장　　혹명초월제법
栴檀蓋며 **或名蓮華藏**이며 **或名超越諸法**이며

혹명법보　　혹명부출생　　혹명정묘개　　혹
或名法寶며 **或名復出生**이며 **或名淨妙蓋**며 **或**

명광대안　　혹명유선법　　혹명전념법
名廣大眼이며 **或名有善法**이며 **或名專念法**이며

혹명망장
或名網藏이시니라

생들로 하여금 각각 다르게 알고 보게 하신다.

　모든 불자들이여, 이 사바세계의 서북방에 다음 세계가 있으니 이름이 환희이다.

　여래가 그곳에서는 혹은 명호가 묘화취이며, 혹은 명호가 전단개이며, 혹은 명호가 연화장이며, 혹은 명호가 초월제법이며, 혹은 명호가 법보이며, 혹은 명호가 부출생이며, 혹은 명호가 정묘개이며, 혹은 명호가 광대안이며, 혹은 명호가 유선법이며, 혹은 명호가 전념법이며, 혹은 명호가 망장이시다.

　이와 같은 백억만의 갖가지 명호를 모든 중

여시등백억만종종명호　　영제중생　　　각별
如是等百億萬種種名号를 令諸衆生으로 各別

지 견
知見케하시니라

제불자　　차사바세계차하방　　유세계　　　명
諸佛子야 此娑婆世界次下方에 有世界하니 名

위관약　　여래　어피　혹명발기염　혹명
爲關鑰이라 如來가 於彼에 或名發起燄이며 或名

조복독　　혹명제석궁　　혹명무상소　혹명
調伏毒이며 或名帝釋弓이며 或名無常所며 或名

각오본　　혹명단증장　　혹명대속질　　혹
覺悟本이며 或名斷增長이며 或名大速疾이며 或

명상락시　혹명분별도　혹명최복당
名常樂施며 或名分別道며 或名摧伏幢이시니라

생들로 하여금 각각 다르게 알고 보게 하신
다.

　모든 불자들이여, 이 사바세계의 다음 하방
에 세계가 있으니 이름이 관약이다.

　여래가 그곳에서는 혹은 명호가 발기염이며,
혹은 명호가 조복독이며, 혹은 명호가 제석궁
이며, 혹은 명호가 무상소이며, 혹은 명호가
각오본이며, 혹은 명호가 단증장이며, 혹은
명호가 대속질이며, 혹은 명호가 상락시이며,
혹은 명호가 분별도이며, 혹은 명호가 최복당
이시다.

여시등 백억만종종명호　　영제중생　　각별
如是等百億萬種種名号를　令諸衆生으로　各別

지견
知見케하시니라

제불자　차사바세계차상방　유세계　명
諸佛子야　此娑婆世界次上方에　有世界하니　名

왈진음　　여래　어피　혹명용맹당　혹명
曰振音이라　如來가　於彼에　或名勇猛幢이며　或名

무량보　혹명낙대시　혹명천광　혹명길
無量寶며　或名樂大施며　或名天光이며　或名吉

흥　혹명초경계　혹명일체주　혹명불퇴
興이며　或名超境界며　或名一切主며　或名不退

륜　혹명이중악　혹명일체지
輪이며　或名離衆惡이며　或名一切智시니라

이와 같은 백억만의 갖가지 명호를 모든 중생들로 하여금 각각 다르게 알고 보게 하신다.

모든 불자들이여, 이 사바세계의 다음 상방에 세계가 있으니 이름이 진음이다.

여래가 그곳에서는 혹은 명호가 용맹당이며, 혹은 명호가 무량보이며, 혹은 명호가 낙대시이며, 혹은 명호가 천광이며, 혹은 명호가 길흥이며, 혹은 명호가 초경계이며, 혹은 명호가 일체주이며, 혹은 명호가 불퇴륜이며, 혹은 명호가 이중악이며, 혹은 명호가 일체지이시다.

이와 같은 백억만의 갖가지 명호를 모든 중

여시등백억만종종명호　영제중생　　각별
如是等百億萬種種名号를 令諸衆生으로 各別

지견
知見케하시니라

제불자　여사바세계　　여시동방백천억
諸佛子야 如娑婆世界하야 如是東方百千億과

무수무량무변무등　불가수불가칭불가사
無數無量無邊無等과 不可數不可稱不可思

불가량불가설　진법계허공계　제세계중
不可量不可說인 盡法界虛空界의 諸世界中에

여래명호　종종부동　　남서북방　사유상
如來名号도 種種不同이며 南西北方과 四維上

하　역부여시
下도 亦復如是하니라

생들로 하여금 각기 다르게 알고 보게 하신
다.

모든 불자들이여, 사바세계처럼 이와 같이
동방으로 백천억과 수없고, 한량없고, 가없고,
같음이 없고, 셀 수 없고, 일컬을 수 없고, 사
의할 수 없고, 헤아릴 수 없고, 말할 수 없는,
온 법계 허공계의 모든 세계 가운데 여래의 명
호도 갖가지로 같지 않으며, 남방과 서방과 북
방과 네 간방과 상방과 하방도 또한 다시 이
와 같다.

여세존　　석위보살시　　이종종담론　　종종
如世尊이　昔爲菩薩時에　以種種談論과　種種

어언　　종종음성　　종종업　　종종보　　종종처
語言과　種種音聲과　種種業과　種種報와　種種處와

종종방편　　종종근　　종종신해　　종종지위
種種方便과　種種根과　種種信解와　種種地位로

이득성숙　　　역령중생　　　여시지견　　　이
而得成熟이실새　亦令衆生으로　如是知見하야　而

위설법
爲說法하시니라

세존께서 옛적 보살로 계실 때에 갖가지 담론과 갖가지 언어와 갖가지 음성과 갖가지 업과 갖가지 과보와 갖가지 처소와 갖가지 방편과 갖가지 근과 갖가지 믿고 이해함과 갖가지 지위로써 성숙함을 얻으신 것과 같이, 또한 중생들로 하여금 이와 같이 알고 보게 하려고 법을 설하신다."

대방광불화엄경

제12권

8. 사성제품

대방광불화엄경 권제십이
大方廣佛華嚴經　卷第十二

사성제품　제팔
四聖諦品　第八

이시　문수사리보살마하살　고제보살언
爾時에 文殊師利菩薩摩訶薩이 告諸菩薩言하시니라

제불자　고성제　차사바세계중　혹명죄
諸佛子야 苦聖諦는 此娑婆世界中에 或名罪며

혹명핍박　혹명변이　혹명반연　혹명
或名逼迫이며 或名變異며 或名攀緣이며 或名

대방광불화엄경 제12권

8. 사성제품

그때에 문수사리 보살마하살이 모든 보살들에게 말씀하였다.

"모든 불자들이여, 고성제는 이 사바세계 가운데서 혹은 죄라 하며, 혹은 핍박이라 하며, 혹은 변해 달라짐이라 하며, 혹은 반연이라

취　　혹명자　　혹명의근　　　혹명허광　　　혹명
聚며 或名刺며 或名依根이며 或名虛誑이며 或名

옹창처　　혹명우부행
癰瘡處며 或名愚夫行이니라

제불자　　고집성제　　차사바세계중　　혹명계
諸佛子야 苦集聖諦는 此娑婆世界中에 或名繫

박　　　혹명멸괴　　　혹명애착의　　　혹명망각
縛이며 或名滅壞며 或名愛著義며 或名妄覺

념　　　혹명취입　　　혹명결정　　　혹명망　　혹
念이며 或名趣入이며 或名決定이며 或名網이며 或

명희론　　　혹명수행　　　혹명전도근
名戲論이며 或名隨行이며 或名顚倒根이니라

하며, 혹은 무더기라 하며, 혹은 가시라 하며, 혹은 의지하는 뿌리라 하며, 혹은 허망하게 속임이라 하며, 혹은 악성 종기라 하며, 혹은 어리석은 이의 행이라 한다.

모든 불자들이여, 고집성제는 이 사바세계 가운데서 혹은 계박이라 하며, 혹은 멸괴라 하며, 혹은 애착하는 뜻이라 하며, 혹은 망령된 생각이라 하며, 혹은 나아가 들어감이라 하며, 혹은 결정이라 하며, 혹은 그물이라 하며, 혹은 희론이라 하며, 혹은 따라다님이라 하며, 혹은 거꾸로 된 뿌리라 한다.

제불자   고멸성제   차사바세계중   혹명무
諸佛子야 苦滅聖諦는 此娑婆世界中에 或名無

쟁   혹명이진   혹명적정   혹명무상
諍이며 或名離塵이며 或名寂靜이며 或名無相이며

혹명무몰   혹명무자성   혹명무장애   혹
或名無沒이며 或名無自性이며 或名無障礙며 或

명멸   혹명체진실   혹명주자성
名滅이며 或名體眞實이며 或名住自性이니라

제불자   고멸도성제   차사바세계중   혹명
諸佛子야 苦滅道聖諦는 此娑婆世界中에 或名

일승   혹명취적   혹명도인   혹명구경
一乘이며 或名趣寂이며 或名導引이며 或名究竟

무분별   혹명평등   혹명사담   혹명무
無分別이며 或名平等이며 或名捨擔이며 或名無

모든 불자들이여, 고멸성제는 이 사바세계 가운데서 혹은 다툼이 없음이라 하며, 혹은 티끌을 여읨이라 하며, 혹은 적정이라 하며, 혹은 모양 없음이라 하며, 혹은 없어지지 않음이라 하며, 혹은 자성이 없음이라 하며, 혹은 장애가 없음이라 하며, 혹은 멸이라 하며, 혹은 체성이 진실함이라 하며, 혹은 자성에 머무름이라 한다.

모든 불자들이여, 고멸도성제는 이 사바세계 가운데서 혹은 일승이라 하며, 혹은 고요한 데 나아감이라 하며, 혹은 인도함이라 하며,

소취　　혹명수성의　　혹명선인행　　혹명십
所趣며 或名隨聖意며 或名仙人行이며 或名十

장
藏이니라

제불자　　차사바세계　　설사성제　　유여시
諸佛子야 此娑婆世界에 說四聖諦가 有如是

등 사 백 억 십 천 명　　수 중 생 심　　실 령 조
等四百億十千名하니 隨衆生心하야 悉令調

복
伏케하시니라

제불자　　차사바세계　　소언고성제자　　피밀
諸佛子야 此娑婆世界의 所言苦聖諦者는 彼密

혹은 끝까지 분별이 없음이라 하며, 혹은 평등이라 하며, 혹은 짐을 벗음이라 하며, 혹은 나아갈 데 없음이라 하며, 혹은 성인의 뜻을 따름이라 하며, 혹은 신선의 행이라 하며, 혹은 열 가지 무진장이라 한다.

모든 불자들이여, 이 사바세계에서 사성제를 말하는데 이와 같은 사백억 십천 가지의 이름이 있으니, 중생들의 마음을 따라서 모두 조복하게 하신다.

모든 불자들이여, 이 사바세계에서 고성제라

훈세계중   혹명영구근   혹명불출리   혹
訓世界中엔 或名營求根이며 或名不出離며 或

명계박본   혹명작소불응작   혹명보투
名繫縛本이며 或名作所不應作이며 或名普鬪

쟁   혹명분석실무력   혹명작소의   혹
諍이며 或名分析悉無力이며 或名作所依며 或

명극고   혹명조동   혹명형상물
名極苦며 或名躁動이며 或名形狀物이니라

제불자   소언고집성제자   피밀훈세계중
諸佛子야 所言苦集聖諦者는 彼密訓世界中엔

혹명순생사   혹명염착   혹명소연   혹
或名順生死며 或名染著이며 或名燒然이며 或

명유전   혹명패괴근   혹명속제유   혹
名流轉이며 或名敗壞根이며 或名續諸有며 或

말하는 것은 저 밀훈세계 가운데서는 혹은 경

영하여 구하는 뿌리라 하며, 혹은 벗어나지 못

함이라 하며, 혹은 계박의 근본이라 하며, 혹

은 아니할 것을 하는 것이라 하며, 혹은 널리

투쟁함이라 하며, 혹은 분석이 다 힘이 없음

이라 하며, 혹은 의지할 바를 지음이라 하며,

혹은 극한 고통이라 하며, 혹은 조급하게 움직

임이라 하며, 혹은 형상 있는 물건이라 한다.

　모든 불자들이여, 고집성제라고 말한 것은

저 밀훈세계 가운데서는 혹은 생사를 따름이

라 하며, 혹은 물듦이라 하며, 혹은 타는 것이

명악행　　혹명애착　　혹명병원　　혹명분
名惡行이며 或名愛著이며 或名病源이며 或名分

수
數니라

제불자　　소언고멸성제자　　피밀훈세계중
諸佛子야 所言苦滅聖諦者는 彼密訓世界中엔

혹명제일의　　혹명출리　　혹명가찬탄　　혹
或名第一義며 或名出離며 或名可讚歎이며 或

명안은　　혹명선입처　　혹명조복　　혹명
名安隱이며 或名善入處며 或名調伏이며 或名

일분　　혹명무죄　　혹명이탐　　혹명결
一分이며 或名無罪며 或名離貪이며 或名決

정
定이니라

라 하며, 혹은 유전이라 하며, 혹은 썩는 뿌리라 하며, 혹은 존재를 상속함이라 하며, 혹은 악행이라 하며, 혹은 애착이라 하며, 혹은 병의 근원이라 하며, 혹은 분수라 한다.

모든 불자들이여, 고멸성제라 말한 것은 저 밀훈세계 가운데서는 혹은 제일의라 하며, 혹은 벗어남이라 하며, 혹은 찬탄할 일이라 하며, 혹은 안온이라 하며, 혹은 잘 들어간 곳이라 하며, 혹은 조복이라 하며, 혹은 일분이라 하며, 혹은 무죄라 하며, 혹은 탐욕을 여읨이라 하며, 혹은 결정이라 한다.

제불자　소언고멸도성제자　피밀훈세계
諸佛子야 所言苦滅道聖諦者는 彼密訓世界

중　혹명맹장　혹명상행　혹명초출
中엔 或名猛將이며 或名上行이며 或名超出이며

혹명유방편　혹명평등안　혹명이변
或名有方便이며 或名平等眼이며 或名離邊이며

혹명요오　혹명섭취　혹명최승안　혹명
或名了悟며 或名攝取며 或名最勝眼이며 或名

관방
觀方이니라

제불자　밀훈세계　설사성제　유여시
諸佛子야 密訓世界에 說四聖諦가 有如是

등사백억십천명　수중생심　실령조
等四百億十千名하니 隨衆生心하야 悉令調

모든 불자들이여, 고멸도성제라 말한 것은 저 밀훈세계 가운데서는 혹은 용맹한 장수라 하며, 혹은 올라가는 행이라 하며, 혹은 뛰어남이라 하며, 혹은 방편이 있음이라 하며, 혹은 평등한 눈이라 하며, 혹은 가장자리를 여읨이라 하며, 혹은 깨달음이라 하며, 혹은 거두어 가짐이라 하며, 혹은 가장 수승한 눈이라 하며, 혹은 사방을 봄이라 한다.

모든 불자들이여, 밀훈세계에서 사성제를 말하는데 이와 같은 사백억 십천 가지의 이름이 있으니, 중생들의 마음을 따라서 다 조복하게

복
伏케하시니라

제불자 차사바세계 소언고성제자 피최
諸佛子야 此娑婆世界의 所言苦聖諦者는 彼最

승세계중 혹명공포 혹명분단 혹명가
勝世界中엔 或名恐怖며 或名分段이며 或名可

염오 혹명수승사 혹명변이 혹명초인
厭惡며 或名須承事며 或名變異며 或名招引

원 혹명능기탈 혹명난공사 혹명망
怨이며 或名能欺奪이며 或名難共事며 或名妄

분별 혹명유세력
分別이며 或名有勢力이니라

하신다.

모든 불자들이여, 이 사바세계에서 고성제라 말한 것은 저 최승세계 가운데서는 혹은 공포라 하며, 혹은 분단이라 하며, 혹은 미워할 것이라 하며, 혹은 받들어 섬김을 요구함이라 하며, 혹은 변해 달라짐이라 하며, 혹은 원수를 불러옴이라 하며, 혹은 능히 속여 빼앗음이라 하며, 혹은 함께하기 어려움이라 하며, 혹은 허망한 분별이라 하며, 혹은 세력이 있음이라 한다.

제불자　　소언고집성제자　　피최승세계중
諸佛子야 所言苦集聖諦者는 彼最勝世界中엔

혹명패괴　　혹명치근　　　혹명대원　　　혹명
或名敗壞며 或名癡根이며 或名大怨이며 或名

이인　　　혹명멸미　　　혹명구대　　　혹명비기
利刃이며 或名滅味며 或名仇對며 或名非己

물　　　혹명악도인　　　혹명증흑암　　　혹명괴
物이며 或名惡導引이며 或名增黑闇이며 或名壞

선리
善利니라

제불자　　소언고멸성제자　　피최승세계중
諸佛子야 所言苦滅聖諦者는 彼最勝世界中엔

혹명대의　　혹명요익　　　혹명의중의　　혹명
或名大義며 或名饒益이며 或名義中義며 或名

모든 불자들이여, 고집성제라 말한 것은 저 최승세계 가운데서는 혹은 썩음이라 하며, 혹은 어리석음의 뿌리라 하며, 혹은 큰 원수라 하며, 혹은 잘 드는 칼이라 하며, 혹은 없어지는 맛이라 하며, 혹은 원수를 대함이라 하며, 혹은 자기 것이 아님이라 하며, 혹은 나쁜 길잡이라 하며, 혹은 더욱 캄캄함이라 하며, 혹은 좋은 이익을 파괴함이라 한다.

모든 불자들이여, 고멸성제라 말한 것은 저 최승세계 가운데서는 혹은 대의라 하며, 혹은 요익이라 하며, 혹은 이치 중의 이치라 하며,

무량　　혹명소응견　　혹명이분별　　혹명
無量이며 或名所應見이며 或名離分別이며 或名

최상조복　　혹명상평등　　혹명가동주　혹
最上調伏이며 或名常平等이며 或名可同住며 或

명무위
名無爲니라

제불자　소언고멸도성제자　피최승세계
諸佛子야 所言苦滅道聖諦者는 彼最勝世界

중　혹명능소연　　혹명최상품　　혹명결
中엔 或名能燒然이며 或名最上品이며 或名決

정　혹명무능파　혹명심방편　혹명출리
定이며 或名無能破며 或名深方便이며 或名出離며

혹명불하열　　혹명통달　　혹명해탈성
或名不下劣이며 或名通達이며 或名解脫性이며

혹은 한량없음이라 하며, 혹은 마땅히 볼 것이라 하며, 혹은 분별을 여윔이라 하며, 혹은 최상의 조복이라 하며, 혹은 항상 평등함이라 하며, 혹은 함께 머무를 만함이라 하며, 혹은 무위라 한다.

모든 불자들이여, 고멸도성제라 말한 것은 저 최승세계 가운데서는 혹은 능히 태움이라 하며, 혹은 최상품이라 하며, 혹은 결정이라 하며, 혹은 깨뜨릴 수 없음이라 하며, 혹은 깊은 방편이라 하며, 혹은 벗어남이라 하며, 혹은 하열하지 않음이라 하며, 혹은 통달이라

혹명능도탈
或名能度脫이니라

제불자　최승세계　설사성제　유여시등
諸佛子야 **最勝世界**에 **說四聖諦**가 **有如是等**

사백억십천명　수중생심　실령조복
四百億十千名하니 **隨衆生心**하야 **悉令調伏**케하시니라

제불자　차사바세계　소언고성제자　피이
諸佛子야 **此娑婆世界**의 **所言苦聖諦者**는 **彼離**

구세계중　혹명회한　혹명자대　혹명전
垢世界中엔 **或名悔恨**이며 **或名資待**며 **或名展**

전　혹명주성　혹명일미　혹명비법
轉이며 **或名住城**이며 **或名一味**며 **或名非法**이며

하며, 혹은 해탈의 성품이라 하며, 혹은 능히 제도함이라 한다.

모든 불자들이여, 최승세계에서 사성제를 말하는데 이와 같은 사백억 십천 가지의 이름이 있으니, 중생들의 마음을 따라서 다 조복하게 하신다.

모든 불자들이여, 이 사바세계에서 고성제라 말한 것은 저 이구세계 가운데서는 혹은 회한이라 하며, 혹은 의지해 기다림이라 하며, 혹은 점점 굴러감이라 하며, 혹은 머무르는 성이라

혹명거택　　혹명망착처　　혹명허망견　　혹
或名居宅이며 或名妄著處며 或名虛妄見이며 或

명무유수
名無有數니라

제불자　소언고집성제자　피이구세계중
諸佛子야 所言苦集聖諦者는 彼離垢世界中엔

혹명무실물　　혹명단유어　　혹명비결백
或名無實物이며 或名但有語며 或名非潔白이며

혹명생지　혹명집취　혹명비천　혹명증
或名生地며 或名執取며 或名鄙賤이며 或名增

장　혹명중담　혹명능생　혹명추광
長이며 或名重擔이며 或名能生이며 或名麤獷이니라

하며, 혹은 한 맛이라 하며, 혹은 잘못된 법이
라 하며, 혹은 거처하는 집이라 하며, 혹은 허
망하게 집착하는 곳이라 하며, 혹은 허망한 소
견이라 하며, 혹은 수효가 없음이라 한다.

　모든 불자들이여, 고집성제라 말한 것은 저
이구세계 가운데서는 혹은 실물이 없음이라 하
며, 혹은 말만 있음이라 하며, 혹은 결백하지
않음이라 하며, 혹은 내는 땅이라 하며, 혹은
집취라 하며, 혹은 비천함이라 하며, 혹은 증장
이라 하며, 혹은 무거운 짐이라 하며, 혹은 능
히 냄이라 하며, 혹은 거칠고 사나움이라 한다.

제불자   소언고멸성제자   피이구세계중
諸佛子야 所言苦滅聖諦者는 彼離垢世界中엔

혹명무등등   혹명보제진   혹명이구
或名無等等이며 或名普除盡이며 或名離垢며

혹명최승근   혹명칭회   혹명무자대   혹
或名最勝根이며 或名稱會며 或名無資待며 或

명멸혹   혹명최상   혹명필경   혹명파
名滅惑이며 或名最上이며 或名畢竟이며 或名破

인
印이니라

제불자   소언고멸도성제자   피이구세계
諸佛子야 所言苦滅道聖諦者는 彼離垢世界

중   혹명견고물   혹명방편분   혹명해탈
中엔 或名堅固物이며 或名方便分이며 或名解脫

모든 불자들이여, 고멸성제라 말한 것은 저 이구세계 가운데서는 혹은 무등등이라 하며, 혹은 모두 없앰이라 하며, 혹은 때를 여읨이라 하며, 혹은 가장 수승한 뿌리라 하며, 혹은 부합함이라 하며, 혹은 의지해 기다릴 것 없음이라 하며, 혹은 번뇌를 멸함이라 하며, 혹은 최상이라 하며, 혹은 필경이라 하며, 혹은 도장을 깨뜨림이라 한다.

모든 불자들이여, 고멸도성제라 말한 것은 저 이구세계 가운데서는 혹은 견고한 물건이라 하며, 혹은 방편의 분이라 하며, 혹은 해탈

8 사성제품

본
本이며

혹명본성실
或名本性實이며

혹명불가훼
或名不可毀며

혹명최청
或名最淸

정
淨이며

혹명제유변
或名諸有邊이며

혹명수기전
或名受寄全이며

혹명작
或名作

구경
究竟이며

혹명정분별
或名淨分別이니라

제불자
諸佛子야

이구세계
離垢世界에

설사성제
說四聖諦가

유여시등
有如是等

사백억십천명
四百億十千名하니

수중생심
隨衆生心하야

실령조복
悉令調伏케하시니라

의 근본이라 하며, 혹은 본 성품의 진실이라 하며, 혹은 훼방할 수 없음이라 하며, 혹은 가장 청정함이라 하며, 혹은 모든 존재의 끝이라 하며, 혹은 붙어있음이 온전함이라 하며, 혹은 짓는 일이 끝남이라 하며, 혹은 깨끗한 분별이라 한다.

모든 불자들이여, 이구세계에서 사성제를 말하는데 이와 같은 사백억 십천 가지의 이름이 있으니, 중생들의 마음을 따라서 다 조복하게 하신다.

제불자　차사바세계　소언고성제자　피풍
諸佛子야 此娑婆世界의 所言苦聖諦者는 彼豊

일세계중　혹명애염처　혹명험해근　혹
溢世界中엔 或名愛染處며 或名險害根이며 或

명유해분　혹명적집성　혹명차별근
名有海分이며 或名積集成이며 或名差別根이며

혹명증장　혹명생멸　혹명장애　혹명
或名增長이며 或名生滅이며 或名障礙며 或名

도검본　혹명수소성
刀劍本이며 或名數所成이니라

제불자　소언고집성제자　피풍일세계
諸佛子야 所言苦集聖諦者는 彼豊溢世界

중　혹명가오　혹명명자　혹명무진
中엔 或名可惡며 或名名字며 或名無盡이며

모든 불자들이여, 이 사바세계에서 고성제라 말한 것은 저 풍일세계 가운데서는 혹은 사랑에 물드는 곳이라 하며, 혹은 험난한 근본이라 하며, 혹은 모든 존재 바다의 분이라 하며, 혹은 모아 이룸이라 하며, 혹은 차별의 근본이라 하며, 혹은 증장이라 하며, 혹은 생멸이라 하며, 혹은 장애라 하며, 혹은 칼과 검의 근본이라 하며, 혹은 수효로 이루어진 것이라 한다.

모든 불자들이여, 고집성제라 말한 것은 저 풍일세계 가운데서는 혹은 미운 것이라 하며, 혹은 이름이라 하며, 혹은 다함이 없음이라

혹명분수　　혹명불가애　　혹명능확서　　혹
或名分數며 或名不可愛며 或名能攫噬며 或

명추비물　　　혹명애착　　　혹명기　　혹명
名麁鄙物이며 或名愛著이며 或名器며 或名

동
動이니라

제불자　　소언고멸성제자　　피풍일세계
諸佛子야 所言苦滅聖諦者는 彼豊溢世界

중　　혹명상속단　　혹명개현　　혹명무문
中엔 或名相續斷이며 或名開顯이며 或名無文

자　혹명무소수　　혹명무소견　　혹명무소
字며 或名無所修며 或名無所見이며 或名無所

작　　혹명적멸　　혹명이소진　　혹명사중
作이며 或名寂滅이며 或名已燒盡이며 或名捨重

하며, 혹은 분수라 하며, 혹은 사랑할 수 없음이라 하며, 혹은 능히 움켜쥐어 씹음이라 하며, 혹은 거칠고 비루한 물건이라 하며, 혹은 애착이라 하며, 혹은 그릇이라 하며, 혹은 움직임이라 한다.

모든 불자들이여, 고멸성제라 말한 것은 저 풍일세계 가운데서는 혹은 상속이 끊어짐이라 하며, 혹은 열어 나타냄이라 하며, 혹은 글자가 없음이라 하며, 혹은 닦을 것이 없음이라 하며, 혹은 볼 것이 없음이라 하며, 혹은 지을 것이 없음이라 하며, 혹은 적멸이라 하며, 혹은

담　　혹명이제괴
擔이며 或名已除壞니라

제불자　소언고멸도성제자　피풍일세계
諸佛子야 所言苦滅道聖諦者는 彼豊溢世界

중　　혹명적멸행　　혹명출리행　　혹명근
中엔 或名寂滅行이며 或名出離行이며 或名勤

수증　　혹명안은거　　혹명무량수　　혹명선
修證이며 或名安隱去며 或名無量壽며 或名善

요지　　혹명구경도　　혹명난수습　　혹명지
了知며 或名究竟道며 或名難修習이며 或名至

피안　　혹명무능승
彼岸이며 或名無能勝이니라

이미 다 타버림이라 하며, 혹은 무거운 짐을 벗음이라 하며, 혹은 이미 없애버림이라 한다.

모든 불자들이여, 고멸도성제라 말한 것은 저 풍일세계 가운데서는 혹은 적멸행이라 하며, 혹은 벗어나는 행이라 하며, 혹은 부지런히 닦아 증득함이라 하며, 혹은 편안히 감이라 하며, 혹은 한량없는 수명이라 하며, 혹은 잘 요달해 앎이라 하며, 혹은 끝까지 가는 길이라 하며, 혹은 닦기 어려움이라 하며, 혹은 피안에 이르름이라 하며, 혹은 능히 이김이 없음이라 한다.

제불자　　풍일세계　　설사성제　　유여시
諸佛子야 豊溢世界에 說四聖諦가 有如是

등사백억십천명　　수중생심　　실령조
等四百億十千名하니 隨衆生心하야 悉令調

복
伏케하시니라

제불자　　차사바세계　　소언고성제자　　피섭
諸佛子야 此娑婆世界의 所言苦聖諦者는 彼攝

취세계중　　혹명능겁탈　　혹명비선우　　혹
取世界中엔 或名能劫奪이며 或名非善友며 或

명다공포　　혹명종종희론　　혹명지옥성
名多恐怖며 或名種種戲論이며 或名地獄性이며

혹명비실의　　혹명탐욕담　　혹명심중근
或名非實義며 或名貪欲擔이며 或名深重根이며

모든 불자들이여, 풍일세계에서 사성제를 말하는데 이와 같은 사백억 십천 가지의 이름이 있으니, 중생들의 마음을 따라서 다 조복하게 하신다.

모든 불자들이여, 이 사바세계에서 고성제라 말하는 것은 저 섭취세계 가운데서는 혹은 능히 겁탈함이라 하며, 혹은 좋은 벗이 아님이라 하며, 혹은 두려움이 많음이라 하며, 혹은 갖가지 희론이라 하며, 혹은 지옥의 성품이라 하며, 혹은 진실한 뜻이 아님이라 하며, 혹은

혹명수심전   혹명근본공
或名隨心轉이며 **或名根本空**이니라

제불자   소언고집성제자   피섭취세계중
諸佛子야 **所言苦集聖諦者**는 **彼攝取世界中**엔

혹명탐착   혹명악성판   혹명과악   혹
或名貪著이며 **或名惡成辦**이며 **或名過惡**이며 **或**

명속질   혹명능집취   혹명상   혹명유
名速疾이며 **或名能執取**며 **或名想**이며 **或名有**

과   혹명무가설   혹명무가취   혹명유
果며 **或名無可說**이며 **或名無可取**며 **或名流**

전
轉이니라

탐욕의 짐이라 하며, 혹은 깊은 뿌리라 하며, 혹은 마음을 따라 구름이라 하며, 혹은 근본이 공함이라 한다.

모든 불자들이여, 고집성제라 말한 것은 저 섭취세계 가운데서는 혹은 탐착이라 하며, 혹은 악을 마련함이라 하며, 혹은 나쁜 허물이라 하며, 혹은 빠름이라 하며, 혹은 능히 집착해 가짐이라 하며, 혹은 생각함이라 하며, 혹은 과보가 있음이라 하며, 혹은 말할 것 없음이라 하며, 혹은 가질 것 없음이라 하며, 혹은 유전이라 한다.

제불자　소언고멸성제자는　피섭취세계중
諸佛子야 所言苦滅聖諦者는 彼攝取世界中엔

혹명불퇴전　혹명이언설　혹명무상상
或名不退轉이며 或名離言說이며 或名無相狀이며

혹명가흔락　혹명견고　혹명상묘　혹명
或名可欣樂이며 或名堅固며 或名上妙며 或名

이치　혹명멸진　혹명원악　혹명출
離癡며 或名滅盡이며 或名遠惡이며 或名出

리
離니라

제불자　소언고멸도성제자　피섭취세계
諸佛子야 所言苦滅道聖諦者는 彼攝取世界

중　혹명이언　혹명무쟁　혹명교도　혹
中엔 或名離言이며 或名無諍이며 或名敎導며 或

모든 불자들이여, 고멸성제라 말한 것은 저 섭취세계 가운데서는 혹은 불퇴전이라 하며, 혹은 언설을 여읨이라 하며, 혹은 모양이 없음이라 하며, 혹은 즐거운 것이라 하며, 혹은 견고라 하며, 혹은 아주 묘함이라 하며, 혹은 어리석음을 여읨이라 하며, 혹은 멸하여 다함이라 하며, 혹은 악을 멀리함이라 하며, 혹은 벗어남이라 한다.

모든 불자들이여, 고멸도성제라 말한 것은 저 섭취세계 가운데서는 혹은 말을 여읨이라 하며, 혹은 다툼이 없음이라 하며, 혹은 가르

명선회향　　혹명대선교　　혹명차별방편
名善迴向이며 **或名大善巧**며 **或名差別方便**이며

혹명여허공　　혹명적정행　　혹명승지　혹
或名如虛空이며 **或名寂靜行**이며 **或名勝智**며 **或**

명능요의
名能了義니라

제불자　섭취세계　설사성제　유여시등
諸佛子야 **攝取世界**에 **說四聖諦**가 **有如是等**

사백억십천명　　수중생심　　실령조복
四百億十千名하니 **隨衆生心**하야 **悉令調伏**케하시니라

제불자　차사바세계　소언고성제자　피요
諸佛子야 **此娑婆世界**의 **所言苦聖諦者**는 **彼饒**

쳐 지도함이라 하며, 혹은 잘 회향함이라 하며, 혹은 매우 교묘함이라 하며, 혹은 차별한 방편이라 하며, 혹은 허공과 같음이라 하며, 혹은 고요한 행이라 하며, 혹은 수승한 지혜라 하며, 혹은 이치를 능히 요달함이라 한다.

모든 불자들이여, 섭취세계에서 사성제를 말하는데 이와 같은 사백억 십천 가지의 이름이 있으니, 중생들의 마음을 따라서 다 조복하게 하신다.

모든 불자들이여, 이 사바세계에서 고성제라

익세계중　　혹명중담　　　혹명불견　　　혹명여
益世界中엔 或名重擔이며 或名不堅이며 或名如

적　　　혹명노사　　　혹명애소성　　　혹명유전
賊이며 或名老死며 或名愛所成이며 或名流轉이며

혹명피로　　　혹명악상상　　　혹명생장　　　혹
或名疲勞며 或名惡相狀이며 或名生長이며 或

명이인
名利刃이니라

제불자　　소언고집성제자　　　피요익세계중
諸佛子야 所言苦集聖諦者는 彼饒益世界中엔

혹명패괴　　　혹명혼탁　　　혹명퇴실　　　혹명
或名敗壞며 或名渾濁이며 或名退失이며 或名

무력　　　혹명상실　　　혹명괴위　　　혹명불화
無力이며 或名喪失이며 或名乖違며 或名不和

말한 것은 저 요익세계 가운데서는 혹은 무거운 짐이라 하며, 혹은 견고하지 않음이라 하며, 혹은 도둑과 같음이라 하며, 혹은 늙고 죽음이라 하며, 혹은 욕애로 이루어진 것이라 하며, 혹은 유전이라 하며, 혹은 피로함이라 하며, 혹은 나쁜 형상이라 하며, 혹은 생장함이라 하며, 혹은 잘 드는 칼이라 한다.

모든 불자들이여, 고집성제라 말한 것은 저 요익세계 가운데서는 혹은 부서지고 무너짐이라 하며, 혹은 혼탁이라 하며, 혹은 물러감이라 하며, 혹은 힘이 없음이라 하며, 혹은 상실

합　　혹명소작　　혹명취　　혹명의욕
合이며 或名所作이며 或名取며 或名意欲이니라

제불자　　소언고멸성제자　　피요익세계중
諸佛子야 所言苦滅聖諦者는 彼饒益世界中엔

혹명출옥　　혹명진실　　혹명이난　　혹명
或名出獄이며 或名眞實이며 或名離難이며 或名

부호　혹명이악　　혹명수순　　혹명근본
覆護며 或名離惡이며 或名隨順이며 或名根本이며

혹명사인　　혹명무위　혹명무상속
或名捨因이며 或名無爲며 或名無相續이니라

이라 하며, 혹은 어김이라 하며, 혹은 불화합이라 하며, 혹은 지은 것이라 하며, 혹은 취함이라 하며, 혹은 의욕이라 한다.

모든 불자들이여, 고멸성제라 말한 것은 저 요익세계 가운데서는 혹은 감옥에서 나옴이라 하며, 혹은 진실이라 하며, 혹은 어려움을 여읨이라 하며, 혹은 덮어 보호함이라 하며, 혹은 악을 여읨이라 하며, 혹은 수순이라 하며, 혹은 근본이라 하며, 혹은 원인을 버림이라 하며, 혹은 무위라 하며, 혹은 상속이 없음이라 한다.

제불자　소언고멸도성제자　피요익세계
諸佛子야 所言苦滅道聖諦者는 彼饒益世界

중　혹명달무소유　혹명일체인　혹명삼
中엔 或名達無所有며 或名一切印이며 或名三

매장　혹명득광명　혹명불퇴법　혹명
昧藏이며 或名得光明이며 或名不退法이며 或名

능진유　혹명광대로　혹명능조복　혹명
能盡有며 或名廣大路며 或名能調伏이며 或名

유안은　혹명불유전근
有安隱이며 或名不流轉根이니라

제불자　요익세계　설사성제　유여시등
諸佛子야 饒益世界에 說四聖諦가 有如是等

사백억십천명　수중생심　실령조복
四百億十千名하니 隨衆生心하야 悉令調伏케하시나라

모든 불자들이여, 고멸도성제라 말한 것은 저 요익세계 가운데서는 혹은 무소유에 도달함이라 하며, 혹은 일체 도장이라 하며, 혹은 삼매장이라 하며, 혹은 광명을 얻음이라 하며, 혹은 불퇴법이라 하며, 혹은 능히 존재를 다함이라 하며, 혹은 넓고 큰 길이라 하며, 혹은 능히 조복함이라 하며, 혹은 안온함이 있음이라 하며, 혹은 유전하지 않는 근본이라 한다.

모든 불자들이여, 요익세계에서 사성제를 말하는데 이와 같은 사백억 십천 가지의 이름이 있으니, 중생들의 마음을 따라서 다 조복하게 하신다.

제불자　차사바세계　소언고성제자　피선
諸佛子야 此娑婆世界의 所言苦聖諦者는 彼鮮

소세계중　혹명험락욕　혹명계박처　혹
少世界中엔 或名險樂欲이며 或名繫縛處며 或

명사행　혹명수수　혹명무참치　혹명탐
名邪行이며 或名隨受며 或名無慚恥며 或名貪

욕근　혹명항하류　혹명상파괴　혹명거
欲根이며 或名恒河流며 或名常破壞며 或名炬

화성　혹명다우뇌
火性이며 或名多憂惱니라

제불자　소언고집성제자　피선소세계중
諸佛子야 所言苦集聖諦者는 彼鮮少世界中엔

혹명광지　혹명능취　혹명원혜　혹명유
或名廣地며 或名能趣며 或名遠慧며 或名留

모든 불자들이여, 이 사바세계에서 고성제라 말한 것은 저 선소세계 가운데서는 혹은 위험한 욕락이라 하며, 혹은 속박하는 곳이라 하며, 혹은 삿된 행이라 하며, 혹은 느낌을 따름이라 하며, 혹은 부끄러움이 없음이라 하며, 혹은 탐욕의 근본이라 하며, 혹은 항하의 흐름이라 하며, 혹은 항상 파괴함이라 하며, 혹은 횃불의 성품이라 하며, 혹은 걱정이 많음이라 한다.

모든 불자들이여, 고집성제라 말한 것은 저 선소세계 가운데서는 혹은 넓은 땅이라 하며, 혹은 능히 나아감이라 하며, 혹은 지혜를 멀리함이

난　　혹명공포　　혹명방일　　혹명섭취
難이며 **或名恐怖**며 **或名放逸**이며 **或名攝取**며

혹명착처　　혹명택주　　혹명연박
或名著處며 **或名宅主**며 **或名連縛**이니라

제불자　　소언고멸성제자　　피선소세계중
諸佛子야 **所言苦滅聖諦者**는 **彼鮮少世界中**엔

혹명충만　　혹명불사　　혹명무아　　혹명무
或名充滿이며 **或名不死**며 **或名無我**며 **或名無**

자성　　혹명분별진　　혹명안락주　　혹명무
自性이며 **或名分別盡**이며 **或名安樂住**며 **或名無**

한량　　혹명단유전　　혹명절행처　　혹명불
限量이며 **或名斷流轉**이며 **或名絶行處**며 **或名不**

이
二니라

라 하며, 혹은 환난에 머무름이라 하며, 혹은 공
포라 하며, 혹은 방일이라 하며, 혹은 거두어 가
짐이라 하며, 혹은 집착하는 곳이라 하며, 혹은
집주인이라 하며, 혹은 속박이 이어짐이라 한다.

모든 불자들이여, 고멸성제라 말한 것은 저 선소
세계 가운데서는 혹은 충만이라 하며, 혹은 죽지
않음이라 하며, 혹은 무아라 하며, 혹은 자성이 없
음이라 하며, 혹은 분별이 다함이라 하며, 혹은 안
락하게 머무름이라 하며, 혹은 한량이 없음이라 하
며, 혹은 유전하는 일이 끊어짐이라 하며, 혹은 행
이 끊어진 곳이라 하며, 혹은 둘이 아님이라 한다.

제불자 소언고멸도성제자 피선소세계
諸佛子야 所言苦滅道聖諦者는 彼鮮少世界

중 혹명대광명 혹명연설해 혹명간택
中엔 或名大光明이며 或名演說海며 或名揀擇

의 혹명화합법 혹명이취착 혹명단상
義며 或名和合法이며 或名離取著이며 或名斷相

속 혹명광대로 혹명평등인 혹명정방
續이며 或名廣大路며 或名平等因이며 或名淨方

편 혹명최승견
便이며 或名最勝見이니라

제불자 선소세계 설사성제 유여시등
諸佛子야 鮮少世界에 說四聖諦가 有如是等

사백억십천명 수중생심 실령조복
四百億十千名하니 隨衆生心하야 悉令調伏케하시니라

모든 불자들이여, 고멸도성제라 말한 것은 저 선소세계 가운데서는 큰 광명이라 하며, 혹은 연설바다라 하며, 혹은 간택하는 뜻이라 하며, 혹은 화합하는 법이라 하며, 혹은 집착을 여읨이라 하며, 혹은 상속을 끊음이라 하며, 혹은 넓고 큰 길이라 하며, 혹은 평등한 원인이라 하며, 혹은 깨끗한 방편이라 하며, 혹은 가장 수승한 견해라 한다.

모든 불자들이여, 선소세계에서 사성제를 말하는데 이와 같은 사백억 십천 가지의 이름이 있으니, 중생들의 마음을 따라서 다 조복하게 하신다.

제불자 차사바세계 소언고성제자 피환
諸佛子야 此娑婆世界의 所言苦聖諦者는 彼歡

희세계중 혹명유전 혹명출생 혹명
喜世界中엔 或名流轉이며 或名出生이며 或名

염착 혹명중담 혹명차별 혹명내
染著이며 或名重擔이며 或名差別이며 或名內

험 혹명집회 혹명악사택 혹명고뇌
險이며 或名集會며 或名惡舍宅이며 或名苦惱

성
性이니라

제불자 소언고집성제자 피환희세계중
諸佛子야 所言苦集聖諦者는 彼歡喜世界中엔

혹명지 혹명방편 혹명비시 혹명비실
或名地며 或名方便이며 或名非時며 或名非實

모든 불자들이여, 이 사바세계에서 고성제라 말한 것은 저 환희세계 가운데서는 혹은 유전이라 하며, 혹은 출생이라 하며, 혹은 물듦이라 하며, 혹은 무거운 짐이라 하며, 혹은 차별이라 하며, 혹은 속이 험함이라 하며, 혹은 집회라 하며, 혹은 나쁜 집이라 하며, 혹은 고뇌의 성품이라 한다.

모든 불자들이여, 고집성제라 말한 것은 저 환희세계 가운데서는 혹은 땅이라 하며, 혹은 방편이라 하며, 혹은 제때가 아님이라 하며, 혹은 진실하지 않은 법이라 하며, 혹은 밑이

법　　혹명무저　　혹명섭취　　혹명이계　　혹
法이며 或名無底며 或名攝取며 或名離戒며 或

명번뇌법　　혹명협열견　　혹명구취
名煩惱法이며 或名狹劣見이며 或名垢聚니라

제불자　　소언고멸성제자　　피환희세계중
諸佛子야 所言苦滅聖諦者는 彼歡喜世界中엔

혹명파의지　　혹명불방일　　혹명진실
或名破依止며 或名不放逸이며 或名眞實이며

혹명평등　　혹명선정　　혹명무병　　혹명
或名平等이며 或名善淨이며 或名無病이며 或名

무곡　　혹명무상　　혹명자재　　혹명무생
無曲이며 或名無相이며 或名自在며 或名無生이니라

없음이라 하며, 혹은 거두어 가짐이라 하며, 혹은 계를 여읨이라 하며, 혹은 번뇌의 법이라 하며, 혹은 좁고 하열한 소견이라 하며, 혹은 때덩이라 한다.

모든 불자들이여, 고멸성제라 말한 것은 저 환희세계 가운데서는 혹은 의지를 깨뜨림이라 하며, 혹은 방일하지 않음이라 하며, 혹은 진실이라 하며, 혹은 평등이라 하며, 혹은 매우 깨끗함이라 하며, 혹은 병이 없음이라 하며, 혹은 굽지 않음이라 하며, 혹은 모양이 없음이라 하며, 혹은 자재라 하며, 혹은 무생이라 한다.

제불자　　소언고멸도성제자　　피환희세계
諸佛子야 所言苦滅道聖諦者는 彼歡喜世界

중　　혹명입승계　　혹명단집　　혹명초등류
中엔 或名入勝界며 或名斷集이며 或名超等類며

혹명광대성　　혹명분별진　　혹명신력도
或名廣大性이며 或名分別盡이며 或名神力道며

혹명중방편　　혹명정념행　　혹명상적로
或名衆方便이며 或名正念行이며 或名常寂路며

혹명섭해탈
或名攝解脫이니라

제불자　　환희세계　　설사성제　　유여시
諸佛子야 歡喜世界에 說四聖諦가 有如是

등사백억십천명　　수중생심　　실령조
等四百億十千名하니 隨衆生心하야 悉令調

모든 불자들이여, 고멸도성제라 말한 것은 저 환희세계 가운데서는 혹은 수승한 세계에 들어감이라 하며, 혹은 쌓아 모음을 끊음이라 하며, 혹은 같은 부류를 뛰어넘음이라 하며, 혹은 넓고 큰 성품이라 하며, 혹은 분별이 다함이라 하며, 혹은 신이한 힘의 길이라 하며, 혹은 여러 방편이라 하며, 혹은 바른 생각의 행이라 하며, 혹은 항상 고요한 길이라 하며, 혹은 해탈을 포섭함이라 한다.

모든 불자들이여, 환희세계에서 사성제를 말하는데 이와 같은 사백억 십천 가지 이름이 있으니,

복
伏케하시니라

제불자　　차사바세계　　소언고성제자　　피관
諸佛子야 此娑婆世界의 所言苦聖諦者는 彼關

약세계중　　혹명패괴상　　혹명여배기　　혹
鑰世界中엔 或名敗壞相이며 或名如坏器며 或

명아소성　　혹명제취신　　혹명삭유전
名我所成이며 或名諸趣身이며 或名數流轉이며

혹명중악문　　혹명성고　혹명가기사　　혹
或名衆惡門이며 或名性苦며 或名可棄捨며 或

명무미　혹명래거
名無味며 或名來去니라

중생들의 마음을 따라서 다 조복하게 하신다.

　모든 불자들이여, 이 사바세계에서 고성제라 말한 것은 저 관약세계 가운데서는 혹은 부서지고 무너지는 모양이라 하며, 혹은 질그릇 같음이라 하며, 혹은 내가 이룬 것이라 하며, 혹은 여러 갈래의 몸이라 하며, 혹은 자주 유전함이라 하며, 혹은 온갖 악의 문이라 하며, 혹은 성품의 고통이라 하며, 혹은 버릴 것이라 하며, 혹은 맛이 없음이라 하며, 혹은 오고 감이라 한다.

제불자　소언고집성제자　피관약세계중
諸佛子야 所言苦集聖諦者는 彼關鑰世界中엔

혹명행　　혹명분독　　혹명화합　　혹명수
或名行이며 或名憤毒이며 或名和合이며 或名受

지　혹명아심　　혹명잡독　　혹명허칭
支며 或名我心이며 或名雜毒이며 或名虛稱이며

혹명괴위　혹명열뇌　혹명경해
或名乖違며 或名熱惱며 或名驚駭니라

제불자　소언고멸성제자　피관약세계
諸佛子야 所言苦滅聖諦者는 彼關鑰世界

중　혹명무적집　혹명불가득　혹명묘
中엔 或名無積集이며 或名不可得이며 或名妙

약　혹명불가괴　혹명무착　혹명무량
藥이며 或名不可壞며 或名無著이며 或名無量이며

모든 불자들이여, 고집성제라 말한 것은 저 관약세계 가운데서는 혹은 행이라 하며, 혹은 분한 독이라 하며, 혹은 화합이라 하며, 혹은 느낌의 지분이라 하며, 혹은 내 마음이라 하며, 혹은 잡된 독이라 하며, 혹은 헛된 이름이라 하며, 혹은 어김이라 하며, 혹은 뜨거운 번뇌라 하며, 혹은 놀람이라 한다.

모든 불자들이여, 고멸성제라 말한 것은 저 관약세계 가운데서는 혹은 쌓인 것이 없음이라 하며, 혹은 얻을 수 없음이라 하며, 혹은 묘한 약이라 하며, 혹은 깨뜨릴 수 없음이라 하며, 혹은 집착이

혹명광대　　혹명각분　　혹명이염　　혹명무
或名廣大며 **或名覺分**며 **或名離染**이며 **或名無**

장애
障礙니라

제불자　　소언고멸도성제자　　피관약세계
諸佛子야 **所言苦滅道聖諦者**는 **彼關鑰世界**

중　　혹명안은행　　　혹명이욕　　　혹명구경
中엔 **或名安隱行**이며 **或名離欲**이며 **或名究竟**

실　　혹명입의　　혹명성구경　　　혹명정현
實이며 **或名入義**며 **或名性究竟**이며 **或名淨現**이며

혹명섭념　　　혹명취해탈　　　혹명구제　　혹
或名攝念이며 **或名趣解脫**이며 **或名救濟**며 **或**

명승행
名勝行이니라

없음이라 하며, 혹은 한량이 없음이라 하며, 혹은 넓고 큼이라 하며, 혹은 각분이라 하며, 혹은 물듦을 여읨이라 하며, 혹은 장애가 없음이라 한다.

모든 불자들이여, 고멸도성제라 말한 것은 저 관약세계 가운데서는 혹은 안온한 행이라 하며, 혹은 욕심을 여읨이라 하며, 혹은 끝까지 진실함이라 하며, 혹은 이치에 들어감이라 하며, 혹은 성품의 구경이라 하며, 혹은 깨끗하게 나타남이라 하며, 혹은 생각을 거둠이라 하며, 혹은 해탈에 나아감이라 하며, 혹은 구제라 하며, 혹은 수승한 행이라 한다.

제불자   관약세계   설사성제   유여시
諸佛子야 關鑰世界에 說四聖諦가 有如是

등사백억십천명   수중생심   실령조
等四百億十千名하니 隨衆生心하야 悉令調

복
伏케하시니라

제불자   차사바세계   소언고성제자   피진
諸佛子야 此娑婆世界의 所言苦聖諦者는 彼振

음세계중   혹명익자   혹명세간   혹명소
音世界中엔 或名匿疵며 或名世間이며 或名所

의   혹명오만   혹명염착성   혹명사류
依며 或名傲慢이며 或名染著性이며 或名駛流며

혹명불가락   혹명부장   혹명속멸   혹
或名不可樂이며 或名覆藏이며 或名速滅이며 或

모든 불자들이여, 관약세계에서 사성제를 말하는데 이와 같은 사백억 십천 가지의 이름이 있으니, 중생들의 마음을 따라서 다 조복하게 하신다.

모든 불자들이여, 이 사바세계에서 고성제라 말한 것은 저 진음세계 가운데서는 혹은 허물을 숨김이라 하며, 혹은 세간이라 하며, 혹은 의지한 곳이라 하며, 혹은 오만이라 하며, 혹은 물들게 하는 성품이라 하며, 혹은 빨리 흐름이라 하며, 혹은 즐겁지 않음이라 하며, 혹은 덮어 감춤이라 하며, 혹은 빨리 멸함이라

명난조
名難調이니라

제불자 소언고집성제자 피진음세계중
諸佛子야 **所言苦集聖諦者**는 **彼振音世界中**엔

혹명수제복 혹명심취 혹명능박 혹명
或名須制伏이며 **或名心趣**며 **或名能縛**이며 **或名**

수념기 혹명지후변 혹명공화합 혹
隨念起며 **或名至後邊**이며 **或名共和合**이며 **或**

명분별 혹명문 혹명표동 혹명은
名分別이며 **或名門**이며 **或名飄動**이며 **或名隱**

부
覆이니라

하며, 혹은 조복하기 어려움이라 한다.

모든 불자들이여, 고집성제라 말한 것은 저 진음세계 가운데서는 혹은 모름지기 제어할 것이라 하며, 혹은 마음의 나아감이라 하며, 혹은 능히 결박함이라 하며, 혹은 생각을 따라 일어남이라 하며, 혹은 나중까지 이르름이라 하며, 혹은 함께 화합함이라 하며, 혹은 분별이라 하며, 혹은 문이라 하며, 혹은 나부껴 움직임이라 하며, 혹은 숨겨 덮음이라 한다.

제불자   소언고멸성제자   피진음세계중
諸佛子야 所言苦滅聖諦者는 彼振音世界中엔

혹명무의처   혹명불가취   혹명전환   혹
或名無依處며 或名不可取며 或名轉還이며 或

명이쟁   혹명소   혹명대   혹명선정   혹
名離諍이며 或名小며 或名大며 或名善淨이며 或

명무진   혹명광박   혹명무등가
名無盡이며 或名廣博이며 或名無等價니라

제불자   소언고멸도성제자   피진음세계
諸佛子야 所言苦滅道聖諦者는 彼振音世界

중   혹명관찰   혹명능최적   혹명요지
中엔 或名觀察이며 或名能摧敵이며 或名了知

인   혹명능입성   혹명난적대   혹명무
印이며 或名能入性이며 或名難敵對며 或名無

모든 불자들이여, 고멸성제라 말한 것은 저 진음세계 가운데서는 혹은 의지할 데가 없음이라 하며, 혹은 취할 수 없음이라 하며, 혹은 전환함이라 하며, 혹은 다툼을 여읨이라 하며, 혹은 작음이라 하며, 혹은 큼이라 하며, 혹은 매우 깨끗함이라 하며, 혹은 다함이 없음이라 하며, 혹은 넓음이라 하며, 혹은 같음이 없는 값이라 한다.

모든 불자들이여, 고멸도성제라 말한 것은 저 진음세계 가운데서는 혹은 관찰이라 하며, 혹은 능히 적을 부숨이라 하며, 혹은 도장을

한의　　혹명능입지　　혹명화합도　　혹명항부
限義며 或名能入智며 或名和合道며 或名恒不

동　　혹명수승의
動이며 或名殊勝義니라

제불자　　진음세계　　설사성제　　유여시
諸佛子야 振音世界에 說四聖諦가 有如是

등사백억십천명　　수중생심　　실령조
等四百億十千名하니 隨衆生心하야 悉令調

복
伏케하시니라

분명히 앎이라 하며, 혹은 능히 성품에 들어
감이라 하며, 혹은 대적하기 어려움이라 하며,
혹은 무한한 뜻이라 하며, 혹은 능히 지혜에
들어감이라 하며, 혹은 화합하는 길이라 하
며, 혹은 항상 움직이지 않음이라 하며, 혹은
수승한 이치라 한다.

모든 불자들이여, 진음세계에서 사성제를 말
하는데 이와 같은 사백억 십천 가지의 이름이
있으니, 중생들의 마음을 따라서 다 조복하게
하신다.

제불자　　여차사바세계중　　설사성제　　유
諸佛子야 如此娑婆世界中에 說四聖諦가 有

사백억십천명　　여시동방백천억　　무수무
四百億十千名하야 如是東方百千億과 無數無

량무변무등　　불가수불가칭불가사불가량
量無邊無等과 不可數不可稱不可思不可量

불가설　　진법계허공계　　소유세계　　피일일
不可說인 盡法界虛空界의 所有世界인 彼一一

세계중　　설사성제　　역각유사백억십천명
世界中에 說四聖諦도 亦各有四百億十千名하니

수중생심　　실령조복
隨衆生心하야 悉令調伏케하시니라

여동방　　남서북방　　사유상하　　역부여
如東方하야 南西北方과 四維上下도 亦復如

시
是하니라

모든 불자들이여, 이 사바세계 가운데서도 사성제를 말하는데 사백억 십천 가지의 이름이 있는 것처럼, 이와 같이 동방의 백천억과 수없고, 한량없고, 가없고, 같음이 없고, 셀 수 없고, 일컬을 수 없고, 생각할 수 없고, 헤아릴 수 없고, 말할 수 없는, 온 법계 허공계에 있는 세계의 저 낱낱 세계 가운데서 사성제를 말하는데도 또한 각각 사백억 십천 가지의 이름이 있으니, 중생들의 마음을 따라서 다 조복하게 하신다.

동방과 같이 남방과 서방과 북방과 네 간방과 상방과 하방도 또한 다시 이와 같다.

제불자   여사바세계   유여상소설시방세
諸佛子야 如娑婆世界에 有如上所說十方世

계   피일체세계   역각유여시시방세계
界하야 彼一切世界도 亦各有如是十方世界어든

일일세계중   설고성제   유백억만종명
一一世界中에 說苦聖諦가 有百億萬種名하니라

설집성제   멸성제   도성제   역각유백억
說集聖諦와 滅聖諦와 道聖諦도 亦各有百億

만종명   개수중생심지소락   영기조
萬種名하니 皆隨衆生心之所樂하야 令其調

복
伏케하시니라

〈大方廣佛華嚴經 卷第十二〉

모든 불자들이여, 사바세계에 위에서 말한 것과 같은 시방세계가 있는 것처럼, 저 일체세계에도 또한 각각 이와 같은 시방세계가 있어, 낱낱 세계 가운데서 고성제를 말하는데 백억만 가지의 이름이 있다.

집성제와 멸성제와 도성제를 말하는데도 또한 각각 백억만 가지의 이름이 있으니, 모두 중생들의 마음에 즐겨하는 바를 따라서 그들로 하여금 조복하게 하신다."

〈대방광불화엄경 제12권〉

大方廣佛華嚴經 — 부록

•

대방광불화엄경 목차

•

간행사

대방광불화엄경
목차

간 행 사

　귀의삼보 하옵고,

『대방광불화엄경』의 수지 독송과 유통을 발원하면서 수미정사 불전연구원에서 『독송본 한문·한글역 대방광불화엄경』과 『사경본 한글역 대방광불화엄경』을 편찬하여 간행하게 되었습니다.

『화엄경』은 우리나라에 전래된 이래 일찍부터 사경되고 주석·강설되어 왔으며 근현대에 이르러서는 『화엄경』의 한글 번역과 연구도 부쩍 많이 이루어졌습니다. 그만큼 『화엄경』이 우리 불자님들의 신행과 해탈에 큰 의지처가 되었던 것임을 알 수 있습니다.

『화엄경』을 독송하고 사경하는 공덕은 설법 공덕과 함께 크게 강조되어 왔습니다. 그리하여 수미정사 불전연구원에서도 『화엄경』(80권)을 독송하고 사경하는 데 도움이 되도록 한문 원문과 한글역을 함께 수록한 독송본과 한글역의 사경본 『화엄경』 간행불사를 발원하였습니다. 이 『화엄경』 간행불사에 뜻을 같이하여 적극 후원해주신 스님들과 재가 불자님들께 깊이 감사드립니다. 또한 『화엄경』을 수지 독송할 수 있도록 경책의 모습으로 장엄해 주신 편집위원들과 담앤북스 출판사 관계자들께도 고마움을 표합니다.

　끝으로 이 불사의 원만 회향으로 『화엄경』이 널리 유통되고, 온 법계에 부처님의 가피가 충만하시길 기원드립니다.

　나무 대방광불화엄경

불기 2564년 '부처님오신날'을 봉축하며
수미해주 합장

위태천신(동진보살)

수미해주 須彌海住

동국대학교 명예교수
중앙승가대학교 법인이사
대한불교조계종 수미정사 주지

독송본 한문·한글역
대방광불화엄경 제12권

| 초판 1쇄 발행_ 2021년 3월 24일

| 엮은이_ 수미해주
| 엮은곳_ 수미정사 불전연구원
| 편집위원_ 해주 수정 경진 선초 정천 석도 박보람 최원섭
| 편집보_ 무이 무진 김지예

| 펴낸이_ 오세룡
| 펴낸곳_ 담앤북스
　　　　　서울특별시 종로구 새문안로3길 23 경희궁의 아침 4단지 805호
　　　　　대표전화 02)765-1251 전자우편 damnbooks@hanmail.net
　　　　　출판등록 제300-2011-115호
| ISBN_ 979-11-6201-286-4 04220

정가 15,000원
ⓒ 수미해주 2021